mein
WITTELSBACHER LAND
KOCHBUCH

Martin Wastl

amac
BUCH VERLAG

Mein Wittelsbacher Land Kochbuch

Martin Wastl

Konzeption/Koordination:	amac-buch Verlag oHG
Layout:	Helfried Prünster, Augsburg
	Simone Ochsenkühn, Obergriesbach
Fotos:	Klaus Lipa, Diedorf
Bildbearbeitung:	NUREG GmbH, Nürnberg
Satz:	Johann Szierbeck, Aichach
Lektorat und Korrektorat:	Kreativstudio Gaugigl, Aichach
Druck und Bindung:	Mayer & Söhne GmbH, Aichach

Trotz sorgfältigen Lektorats schleichen sich manchmal Fehler ein.
Autor und Verlag sind Ihnen dankbar für Anregungen und Hinweise.

amac-buch Verlag oHG
Erlenweg 6
D-86573 Obergriesbach
E-Mail: info@amac-buch.de
http://www.amac-buch.de
Telefon +49(0) 8251/827137
Telefax +49(0) 8251/827138

© 2011 amac-buch Verlag oHG
ISBN 978-3-940285-75-1

Martin Wastl

mein
WITTELSBACHER LAND
KOCHBUCH

110 FISCH

128 PILZE

138 Nüsse & Früchte

Wichtige Hinweise zum Aufbau dieses Buches:

Alle Rezepte sind für vier Personen berechnet. Ausnahmen sind direkt am jeweiligen Rezept angegeben.

Zuerst finden Sie Informationen über wichtige Sehenswürdigkeiten des Wittelsbacher Landes. Das Kochbuch ist nicht in die klassischen Themen wie Vor-, Haupt- und Nachspeisen, sondern in Zutaten wie z. B. Kräuter, Gemüse und Fleisch gegliedert. Diese werden jeweils durch eine fundierte Warenkunde, Tipps zur Lagerung und Frischetests sowie deren saisonale Verfügbarkeit eingeleitet. Weiterhin werden Sie dazu eingeladen, die Tavernwirt-Lieferanten genauer kennenzulernen.

DIE KRAFT DER TRÄUME…

Liebe Leserin, lieber Leser,

schon als Kind habe ich davon geträumt, Koch zu werden. Zwar hat es nicht auf Anhieb geklappt, aber letztendlich ist zum Glück doch noch etwas daraus geworden. Nicht an einen Tagtraum, sondern an einen richtigen Traum irgendwann in meiner Jugendzeit kann ich mich erinnern: Ich träumte davon, in Sulzbach, wo ich aufgewachsen bin, der „Tavernwirt" zu sein. Schon spannend: Seit 1993 darf ich in diesem schönen Traditionswirts-haus leben und arbeiten.

Und soeben ist ein weiterer meiner Träume Wirklichkeit geworden: Mein eigenes Kochbuch ist ge-schrieben, fotografiert, gestaltet und gedruckt. Es liegt vor Ihnen und lädt ein, das Wittelsbacher Land von seiner Genießerseite ken-nenzulernen. Träume entwickeln eben manchmal ihre eigenen, ganz besonderen Kräfte. Und sie geben Kraft, mir zumindest immer wieder. Ebenso wie die Natur, die mich hier umgibt: der Blick auf Wiesen und Waldrand, auf Kastanien- und Birnbäume, auf Himbeersträucher und Holunderbüsche …

Ich fühle mich diesem Stück Boden sehr verbunden und empfinde es als großes Glück, an dem Ort kreativ sein zu dürfen, an dem ich meine Kindheit verbracht habe. Das inspiriert mich. Womit ich nicht nur diese typische Landschaft mit den zahlreichen Sehenswürdigkeiten meine, die ja als „Wiege Altbayerns" gilt, sondern auch die Menschen und natürlich die Produkte, die ich hier für meine regional geprägte Küche auswählen kann.

Denn rund um dieses schöne Fleckchen Erde finde ich Erzeuger, die sorgfältig und mit Liebe produ-zieren, was Jahreszeit und Region hergeben: schmackhaften Spargel, Kräuter und Pilze; Forellen, Saib-linge und Flusskrebse; Fleisch von naturnah aufgezogenen Ochsen und Schweinen oder vom Wild aus hei-mischen Wäldern — echte Lebens-Mittel eben. Und als meine Aufgabe verstehe ich es, diese zu „veredeln", also daraus mit dem nötigen Respekt vor dem Naturprodukt etwas Gutes zu schaffen. Die meisten dieser regionalen Erzeuger begleiten mich schon seit vielen Jahren. Vor ihrer

Arbeit habe ich großen Respekt. Vertrauensvolle und freundschaft-liche Kontakte sind so entstanden. Übrigens auch zu vielen meiner langjährigen Stammgäste, die mich oft nach einem Rezept fragen. „Wie geht denn das?", wollen sie wis-sen, wenn es ihnen besonders gut geschmeckt hat.

Deshalb ist dieses Kochbuch nicht zuletzt so etwas wie ein Dankeschön. Lieferanten, Gäste, bewusste Genießer: Ihnen allen möchte ich mit dieser Sammlung etwas zurückgeben. Meine Rezepte aus dem Wittelsbacher Land sind vorwiegend Klassiker in moderner Interpretation — mit Zutaten, die traditionell in der Region gedeihen. Wenn man kreativ damit umgeht, kommen spannende Dinge heraus. Probieren Sie's aus!

Ihr

Sulzbach, im Oktober 2011

der Tavernwirt

Von Doris Wegner

Wer etwas über Martin Wastl erfahren möchte, studiert am besten seine Speisekarte. Sie kombiniert Bodenständiges mit Kreativem. Sie ist regional geprägt, spielt aber mit internationalen Einflüssen. Das sind Eigenschaften, die allesamt auch auf Martin Wastl zutreffen. Als leidenschaftlicher Koch liebt er es, regionale Produkte überraschend zu kombinieren, Erdbeeren mit Spargel etwa. Oder Lachsforelle gebeizt mit Rosen- und Hibiskusblüten. So gesehen ist auch sein Gasthaus ein regionales Produkt – eines aber, das locker Großstadtniveau erfüllen könnte. Doch an die Großstadt verschwendet Martin Wastl keinen Gedanken. Zu sehr schätzt er sein Kleinod auf dem Lande. Der Fünfzigjährige weiß, wo er hingehört: nach Sulzbach.

Hier ist er der Tavernwirt. Manchmal zieht es ihn jedoch hinaus. Dann führt sein Weg in andere Küchen, um anderen Köchen – zum Beispiel Sternekoch Thomas Kellermann – in die Töpfe zu gucken. Dann schnuppert Wastl Großstadtküchenluft, um Ideen und Einflüsse für seinen Tavernwirt zu sammeln.

Die Leidenschaft des Kochens
Martin Wastl zählt zu den Menschen, die nie ruhen, immer auf der Suche sind, für ihre Sache immer hundert Prozent geben. Diese unbedingte Leidenschaft für Gastronomie und feine, inspirierte Küche ist sein Erfolgsgeheimnis. Der Restaurantführer Guide Michelin zeichnet den Tavernwirt seit Jahren als einziges Gasthaus im Wittelsbacher Land deshalb mit „einem Besteck" aus.

Wastls Weg zum Tavernwirt
Gut also, dass Martin Wastl seinem ursprünglichen Beruf Elektriker nicht treu geblieben ist. Mit 24 Jahren holte er sein Abitur nach und sammelte erste Erfahrungen in der Gastronomie. Er jobbte als Diskjockey, dann führte er mit fünf Bekannten die in Augsburg einst legendäre Studentenkneipe Striese. Mit 28 schloss er seine Kochlehre bei Sternekoch Franz Fuchs im Restaurant Cheval Blanc in Augsburg ab. Drei Jahre später erfüllte sich für ihn ein Traum. 1992 pachtete Martin Wastl sein heutiges Wirtshaus. Marian Baron von Gravenreuth, Eigentümer der traditionsreichen Gaststätte, gab

ihm den Zuschlag. Seither ist er der Tavernwirt.

Der Begriff Tavernwirt

Seit seinem zehnten Lebensjahr lebt Martin Wastl in Sulzbach. Deshalb war es ihm selbstverständlich, hier die große Tradition der Tavernwirtschaften nicht nur fortzuführen, sondern auch weiterzuentwickeln. In Tavernwirtschaften (zuweilen auch Tafernwirtschaft geschrieben) wurde schon immer Wert auf feine Gastlichkeit gelegt. Der Name geht auf das römischlateinische Wort Taverna zurück. Latein war die Alltagssprache der Mönche, die Taverna der Ort, an dem das gebraute Bier ausgeschenkt wurde und Pilger eine Bleibe fanden. Die Tavernwirtschaften

haben ihren Ursprung also in den Klöstern. Später wurde dieses Tavernrecht, das allein den Klöstern zustand, weltlichen Wirten weitergegeben. Nur den Tavernwirten war es erlaubt, Bier auszuschenken, Speisen zu servieren, Übernachtungsgäste aufzunehmen und Feiern abzuhalten. Zu den Privilegien gehörten zudem das Braurecht, das Brennrecht und das Recht, Brot zu backen. So unterschied man sich feinsäuberlich von den Bierzäpflern, die lediglich Getränke ausschenken durften.

Gab es in einer Ortschaft kein Amtshaus, wurde in einer Tavernwirtschaft auch Gericht gehalten. Die Tavernwirte hatten aber durchaus auch eine soziale Verant-

wortung. Sie mussten wandernde Handwerksgesellen gegen Geld oder tatkräftige Gegenleistungen beherbergen. Lagen sie verkehrsgünstig, waren sie die Kutsch- und Poststation. Beim Tavernwirt in Sulzbach wurden auf dem Weg zwischen Augsburg und Regensburg – von Domstadt zu Domstadt – die Pferde gewechselt.

Heute ist der Begriff der Tavernwirtschaft weitgehend aus dem Sprachgebrauch verschwunden, denn nur wenige Wirtschaften tragen noch diesen Namen. Hier in der Gegend ist Martin Wastl der einzige, der diese Tradition der guten, gepflegten Gastlichkeit schon im Wirtshausschild aufrecht hält.

Burgkirche, oberwittelsbach

Warum nennen wir unsere Region eigentlich Wittelsbacher Land? Weil der Ursprung der Wittelsbacher hier zu suchen ist. Auf dem romantischen Hügel zu Oberwittelsbach, mitten im Grünen, stand einst die Stammburg der Wittelsbacher. Die Wittelsbacher zogen etwa 1113 aus nicht bekannten Gründen von Pfaffenhofen an der Ilm in eine bereits vorhandene, aber von Graf Otto von Scheyern vergrößerte Burg. Vielleicht hatten die Wittelsbacher ihren Besitz vergrößert, brauchten mehr Platz? Vielleicht aber waren sie auch angetan von der romantischen Lage und dem Nahrungsreichtum des Waldes. Vielleicht hatte der Umzug aber auch strategische Gründe? Leider tappen die Historiker hier immer noch im Dunkeln.

Nach dem Königsmord von Bamberg wurde die Burg völlig geschleift, das heißt zerstört, es ist nicht mehr viel von der Burg übrig geblieben. Dieses Ereignis liegt nun über 800 Jahre zurück. Es sind nur noch einige Reste der Grundmauer unterhalb der Burgkirche zu sehen. 1420 hat man auf den Resten der Burg eine katholische Kirche errichtet, die bis heute erhalten geblieben ist. Die Burgkirche Beatae Mariae Virginis beherbergt überraschend schönes, uraltes Interieur. Anmut ist hier zu spüren. Wer Glück hat, trifft auf den Mesner, der einem gerne die Kostbarkeiten der Kirche zeigt und alte Geschichten hierzu zum Besten gibt.

Ein kleiner Spaziergang vom Sisi-Schloss (übernächste Seite) aus zur Burgruine dauert ca. 30 Minuten. Durch den pilzreichen Wittelsbacher Wald führt der Weg hinauf zum Burghügel und lohnt sich auf jeden Fall.

UEBERRESTE
der i. J. 1209
geschleiften
BURG WITTELSBACH

Am 28. Mai 1914 haben
König Ludwig III
u. die Königliche Familie
gelegentlich d. 800 Jahrfeier
der Burg Wittelsbach
auf diesem Platze geweilt.
J. u. J. Aichach
1930

DIE
STÖRTE
WITTELS
UNTER
DES BE
DURCH
NE

SISI-SCHLOSS, unterwittelsbach

Eigentlich trägt dieses entzückende Anwesen den offiziellen Namen „Wasserschloss", weil ein See das Schloss von drei Seiten umspielt. Weil jedoch Herzog Max von Bayern das Jagdschloss erwarb und seine wunderschöne Tochter Elisabeth hier anscheinend etliche Sommer ihrer Kindheit verbrachte, gab der Volksmund ihm den Namen „Sisi-Schloss".

Sissy (so ihr Spitzname zur damaligen Zeit) prägte ein ganzes Zeitalter, nicht zuletzt wegen ihrer unglaublichen und viel bewunderten Schönheit, aber auch wegen ihrer sagenumwobenen Stimmung, denn sie galt als melancholisch und sehr sensibel. Sie liebte Süßigkeiten, hatte aber gleichzeitig panische Angst vor Gewichtszunahme. So schwankten ihre Mahlzeiten wohl zwischen Lavendelpastillen solo und üppigen Tafeln.

Heute wird das Schloss, das nun der Stadt Aichach gehört, für Veranstaltungen, Sonderausstellungen oder Events zur Verfügung gestellt. Alljährlich im Frühjahr findet das traditionelle Spargelessen der Wittelsbacher Wirte statt. Auch Martin Wastl bereitet von Zeit zu Zeit bei bestimmten Events im Schloss oder im Schlosspark seine Speisen zu.

Innen ist das Schloss schlicht renoviert, außen ist es eine kleine Augenweide. Eine echte architektonische Rarität ist die nebenstehende Kapelle, die Herzog Max 1838 nach einer Reise in den Orient umgestalten ließ. Durch die orientalisch angehauchte, neugotische Fassade sucht sie weltweit ihresgleichen.

Der Schlosspark wird dazu genutzt, Konzerte abzuhalten, oder er wird zur Schauspielbühne umfunktioniert. An einem ganz normalen Tag jedoch kann man bei einem Besuch das absolut romantische Flair bei einem Spaziergang durch den Park und zum Sisi-Schloss genießen. Lassen Sie es sich auch nicht entgehen, einmal das Schloss aus größerer Distanz von hinten zu betrachten. Mit dem Wasser im Vordergrund bietet es einen einmaligen Anblick.

maria birnbaum, sielenbach

Das Kloster Maria Birnbaum liegt am Flüsschen Ecknach, südlich von Sielenbach, links der Straße nach Adelzhausen, noch im Wittelsbacher Land.

Der Beginn ihrer Geschichte klingt fast wie ein Märchen, wäre die Gründung des Klosters Maria Birnbaum nicht historisch überliefert. 1632 verstümmelten schwedische Soldaten ein Marienbild, das in der Nähe der jetzigen Kirche gestanden haben soll. Sie warfen es in ihrer Verachtung anschließend in einen Teich.

Nur durch Zufall – oder war es ein kleines Wunder? – fand ein einfacher Dorfhirte aus Sielenbach das Bild in jenem Tümpel, säuberte es und stellte das Bild zu dessen Schutz in einen hohlen Birnbaum.

Ab 1659/60 ereigneten sich dort einige Wunderheilungen und dar-

aufhin setzten plötzlich Wallfahrten ein. Aufgrund des vermehrten Zulaufs von Gläubigen wurde die barocke Kirche 1661 bis 1668 von Constantin Bader im Auftrag von Philipp Jakob von Kaltenthal, dem Komtur des Deutschen Ordens im benachbarten Kloster Blumenthal, erbaut. Der Birnbaum stand in der Mitte der Kirche, starb aber 1671 ab. Das Gnadenbild befindet sich noch am Hochaltar in einer Höhlung des Baumstamms. Den Stamm selbst kann man hinterhalb des Altars bewundern.

Die Wallfahrtskirche „Unserer Lieben Frau im Birnbaum" wurde der Mutter Gottes mit den sieben Schmerzen geweiht. Die erste Kuppelkirche nördlich der Alpen erinnert an byzantinische Bauten, doch spielten italienische Einflüsse beim Bau von Maria Birnbaum ebenfalls eine große Rolle.

Von 1867 an bewohnten Kapuziner das Kloster. 1998 übernahm der Deutsche Orden erneut die Verantwortung. Der Orden renovierte das Konventgebäude und errichtete eine Gaststätte sowie einen schönen Klosterladen, um die Wallfahrt wieder zu beleben. 2001 wurde schließlich das Noviziat der deutschen Brüderprovinz nach Sielenbach verlegt.

In den letzten Jahren ist die baufällige Kirche – der Dachstuhl drohte einzustürzen – sehr aufwendig restauriert worden. Sie glänzt heute mit einer neuen Dachbedeckung aus unzähligen kleinen Holzschindeln, die von Weitem wie aus reinem Silber gearbeitet wirkt.
Einen kleinen Abstecher zu diesem einmaligen Wallfahrtsort im Wittelsbacher Land zu unternehmen, sollten Sie keinesfalls versäumen.

WITTELSBACHER SCHLOSS, FRIEDBERG

Ist es föhnig in der Region, so sieht man vom Friedberger Schloss aus bis hinüber an den Alpenrand. Die beeindruckende Aussicht ist aber nicht der einzige Grund, warum man das Friedberger Schloss der Wittelsbacher besuchen sollte. Seine Geschichte und die vielseitige Nutzung im Laufe der Jahrhunderte sind gerade das, was einen Besuch spannend werden lässt.

Das um 1257 als Höhenburg errichtete Schloss wurde unter dem Wittelsbacher Herzog Ludwig II. dem Strengen zum Schutz der bayerischen Zollstation an der Grenze zur damaligen Reichsstadt Augsburg errichtet. Zu dieser Zeit versuchte auch der Bischof von Augsburg, seinen Hochstift über den Lech zu erweitern. So kam es, dass 1264 die Befestigungsanlagen der Stadt Friedberg an die Wehranlage angeschlossen wurden. Der tiefe Halsgraben vor dem Schloss gibt möglicherweise Hin-

weise darauf, dass das Schloss zuvor als eine frühmittelalterliche Burg genutzt wurde. Die Historiker sind sich uneins, denn solche Gräben waren in unserer Gegend nicht üblich. Vielleicht diente die Burg im Frühmittelalter bereits als Burgwall gegen die Ungarn, bevor diese nach der vernichtenden Niederlage auf dem Lechfeld im Jahr 955 ihre Eroberungsfeldzüge endgültig einstellten. Da auf dem Lechrain zwischen Thierhaupten und Mering mehrere dieser „Ungarnwalle" stehen, erscheint eine solche Deutung durchaus plausibel.

1541 verwüstete ein Brand die Anlage, die anschließend weitgehend erneuert werden musste. Während des Dreißigjährigen Krieges kam es erneut zu Beschädigungen, die später wieder beseitigt wurden. 1754 bis 1766 wurde das Schloss als eine Fayencemanufaktur, eine „kurfürstlich privilegierte Porzellanmanufaktur", genutzt.

Ab 1789 diente das Schloss als Sitz der Forstverwaltung.

Bereits 1886 entstand das Heimatmuseum im Schloss, das heute von einer Kunsthistorikerin geleitet wird. Das Wittelsbacher Schloss Friedberg präsentiert in vierzehn Schauräumen zahlreiche Exponate zur Orts- und Regionalgeschichte. Man kann Uhren sowie Porzellan in einer Dauerausstellung bewundern sowie von Zeit zu Zeit Wechselausstellungen zu verschiedenen regionalen Themen besuchen.

Auch in naher Zukunft wird das Wittelsbacher Schloss in Friedberg im Wandel der Zeit stehen. Per Bürgerentscheid wurde vor Kurzem über dessen weitere Nutzung entschieden. Das Schloss wird zu einem Bürger- und Kulturzentrum ausgebaut werden. Das Museum wird zeitgemäß umgebaut und in neuem Glanz erstrahlen.

kräuter

Kräuter

Nährwert, Inhaltsstoffe, Wirkung
Seit Urzeiten wissen die Menschen um die Wirkung und die Heilkraft von Kräutern. Altes Kräuterwissen und moderne Gesellschaft waren jedoch lange Zeit nahezu nicht mehr vereinbar. Doch das ändert sich. Kräuter erleben seit einigen Jahren eine wahre Renaissance. Mit Recht, denn Kräuter sind einfach wunderbar.

Kräuter enthalten nicht nur Vitamine und Mineralstoffe, sondern noch einige weitere Stoffe, die sie erst so bedeutsam für die Küche machen. Besonders interessant für alle Feinschmecker sind die ätherischen Öle, durch die die Kräuter ihr starkes Aroma entfalten. Mit ihrem intensiven Geschmack können Kräuter beim Würzen teilweise das Salz ersetzen und so zu einer natriumärmeren Ernährung beitragen. Weitere Inhaltsstoffe sind Harze, Alkaloide, Saponine, Bitter-, Gerb- und Schleimstoffe, organische Säuren, Enzyme und pflanzliche Hormone. Viele dieser Verbindungen zählen zu den sogenannten sekundären Pflanzenstoffen. Diese Stoffe helfen den Gewächsen dabei, Fressfeinde, Schädlinge und Krankheiten abzuwehren. Enthaltene Farb- oder Aromastoffe können Insekten und Früchtefresser anlocken, die Blüten bestäuben und Pflanzensamen verbreiten.

bärlauch

Auf den menschlichen Organismus haben diese Stoffe eine positive Wirkung. Sie unterstützen die Verdauung und regen das Immunsystem an. Kräuter wirken antibakteriell, entzündungshemmend und senken den Cholesterinspiegel. Deshalb werden essbare Kräuter noch weiter in Küchenkräuter und Heilkräuter unterteilt. Während Küchenkräuter zur Zubereitung von Speisen dienen, werden Heilkräuter verwendet, um Krankheiten zu lindern.

Ob Kamille, Ringelblume, Johanniskraut, Brennnessel usw., Heilkräuter können äußerlich oder innerlich angewendet werden in Form von Tees, Lutschbonbons, Salben, Tinkturen, Kosmetika, Wickeln, Aufgüssen und vielem anderen mehr. Eine strenge Abgrenzung zwischen Küchenkräutern und Heilkräutern ist jedoch so nicht möglich. Viele Kräuter werden für beiderlei Zwecke verwendet. So würzt Zitronenmelisse nicht nur den Mittagstisch, sondern ist zugleich als Lutschbonbon oder Tee wirksam. Doch so manches Wässerchen ist mit Vorsicht zu genießen! Denn während viele der gesundheitlichen Wirkungen tatsächlich nachweisbar sind, beruhen andere einzig und allein auf dem Volksglauben.

Kräuter ernten
Kräuter sind sehr empfindlich. Deshalb sollten sie immer erst kurz vor dem Verzehr geschnitten werden, da sonst die in den Kräutern enthaltenen empfindlichen ätherischen Öle und Aromen viel von ihrer Wirkung verlieren.

Es werden nur die gesunden, kraftvollen Pflanzenteile von Kräutern geerntet. Um Verwechslungen mit giftigen Kräutern auszuschließen, muss man die Pflanzen gut kennen.

Die Wurzeln von Kräuterpflanzen werden sofort nach dem Ausgraben abgewaschen und anschließend gut getrocknet.

Stängel, Blätter und Blüten der Kräuter werden nur leicht ausgeschüttelt oder vorsichtig ausgeblasen. Zur Not können Sie Kräuter auch behutsam abspülen.

Kräuter aufbewahren
Sie wickeln die frischen Kräuter in ein feuchtes Küchenkrepp und geben sie anschließend in eine Plastiktüte oder Folie. Dann legen Sie die Kräuter in das Gemüsefach Ihres Kühlschranks.

Einige Kräuter eignen sich auch zum Trocknen, darunter Rosmarin, Minze, Zitronenmelisse, Thymian oder Bohnenkraut.

Saison
April bis September,
je nach Witterung

Bärlauch enthält die gleichen gesundheitsfördernden Substanzen wie Knoblauch, aber in etwas geringerer Konzentration. Am wichtigsten sind in diesem Zusammenhang die organischen Schwefelverbindungen, zum Beispiel Alliin beziehungsweise Allicin, welches auch den typischen Geruch und Geschmack ausmacht.

Bärlauch senkt wie Knoblauch sehr wirksam den Cholesterinspiegel und hemmt die Thrombozytenaggregation. Die vorbeugende Wirkung gegen Arteriosklerose und die Folgekrankheiten Bluthochdruck, Herzinfarkt und Schlaganfall ist in klinischen Studien vielfach bestätigt worden. Bärlauch wirkt antibiotisch, verdauungsfördernd und appetitanregend – also rundum vitalisierend – und sollte häufig im Speiseplan enthalten sein.

Mein Tipp: Zum Haltbarmachen den Bärlauch grob hacken und mit Salz in einem Weckglas aufbewahren. Oder Sie machen ein leckeres Bärlauchpesto. Das Rezept dazu finden Sie in diesem Kapitel.

Saison
Anfang Februar bis Ende Mai

Kräuter & Honig Pflugmacher

Es summt und brummt im Kräuterbeet der Pflugmachers. Kein Wunder, denn der Lieferant für die Kräuter beim „Tavernwirt" betätigt sich ebenso als Imker und seine 20 Bienenstöcke stehen im Garten hinterm Haus. Über 20 verschiedene Kräuter wachsen hier in abgeböschten Beeten. Kräuter sind bunt und riechen gut. Die exotischste Kräuterart, die Hubert Pflugmacher anbaut, ist die Ananasminze. Ganz lang ist das Blatt und sehr zackig. Wenn man daran reibt, riecht das Blatt dezent nach Ananas. Lässt man es im Munde zergehen, so schiebt der Geschmack der Minze voll an.

Nein, die Kräuter könne er Privatpersonen keinesfalls anbieten, dazu reicht der Bestand sicher nicht. Aber den Honig, den könne man in Geschäften, insbesondere in den Hofläden oder Kramerläden des Wittelsbacher Landes, erstehen.

Das Wittelsbacher Land liefert zwei Sorten von Honig: den Blütenhonig und den Waldhonig.

Blütenhonig von Hubert Pflugmacher ist weißlich und cremig und bleibt somit immer streichfähig. Der Waldhonig ist durchsichtig und flüssig. Hinterfragt man es genauer, ist die Imkerei tatsächlich eine Wissenschaft für sich. Im kurzen Leben der Biene, die Sommerbiene lebt nur drei Wochen, sammelt diese Blütennektar der immer gleichen Sorte. Im Wittelsbacher Land beginnt dies mit der Löwenzahn- und Obstblüte, vor allem die hellgelbe Rapsblüte ist sehr ergiebig und daher für Bienen und Imker hochinteressant. Nach dieser Zeit werden die Bienen von den Kundschafterinnen neu „gepolt", beispielsweise auf Apfelblüten.

Ist die Hauptblütezeit vorbei, werden die Bienen von den

Kundschafterinnen in den Wald zu Himbeer- und Brombeersträuchern, vor allem aber zu Laub- und Nadelbäumen ausgesendet. Dort sammeln sie den Honigtau für den feinwürzigen Waldhonig.

Sortenreinen Honig herzustellen, ist im Wittelsbacher Land kaum möglich, sagt Hubert Pflugmacher, denn zum Beispiel Akazienwälder, die für den Akazienhonig notwendig sind, existieren in der heimischen Region nicht.

Hubert Pflugmacher bietet den Honig pur, aber auch Geschenkkörbe gefüllt mit Met, Honig und Bienenwachskerzen aus heimischer Fertigung an.

Hubert Pflugmacher
Am Weiher 52
86573 Obergriesbach
Telefon 0 82 51/43 18

Das Schöne an diesem Salat ist, dass jeder Bissen anders schmeckt. Je nachdem, ob man mehr Salbei oder Petersilie oder Dill oder oder oder im Mund hat.

WITTELSBACHER KRÄUTERSALAT

Zubereitungszeit: 30 Min.

Schnittlauch
Petersilie
Thymian
Zitronenmelisse
Salbei
Estragon
Dill
und alles, was der Garten noch an Kräutern hergibt
300 g verschiedene Blattsalate
Blüten von der Kapuzinerkresse

Die verschiedenen Kräuter nicht waschen. Die Blätter der Kräuter von den Stielen abzupfen, ganz lassen oder grob schneiden, aber nicht hacken.
Die Blattsalate einputzen und waschen. Mit einer Salatschleuder trocknen.
Die Kräuter unter den Salat mischen und mit einem fruchtigen Salatdressing anmachen. Die Kapuzinerkresse als Dekoration auf den Salat legen.

Dazu passt sehr gut gebratene Entenleber. Das Rezept finden Sie im Kapitel Gemüse, „Rohkostsalat mit gebratener Entenleber" im unteren Drittel des Rezepts.

HIMBEERVINAIGRETTE

Zubereitungszeit: 10 Min.

50 ml Himbeeressig
100 ml kalt gepresstes Olivenöl
Salz
weißer Pfeffer aus der Mühle
1 Messerspitze Zucker
etwas Mineralwasser
(Menge je nach Geschmack)
½ TL mittelscharfer Senf

Alle Zutaten am besten mit einem Stabmixer verquirlen.

Mein Tipp: Sie können auch gerne etwas mehr davon herstellen und in einer Mineralwasserflasche aufbewahren. Vor dem Benützen immer gut schütteln. Das Dressing hält sich etwa vier Wochen im Kühlschrank.

Hinweis: Sie finden ein weiteres „Tavernwirt"-Dressing auf der übernächsten Seite.

Die „Tavernwirt"-Vinaigrette mit Traubenkernöl ist besonders bekömmlich,
da sie viele ungesättigte Fettsäuren enthält.

„Tavernwirt"-vinaigrette mit Traubenkernöl

Zubereitungszeit: 20 Min.

0,2 l Apfelessig
30 g Zucker
40 g Salz
3 g (1 Espressolöffel)
gemahlener weißer Pfeffer
0,35 l trockener Weißwein
0,9 l kaltgepresstes Traubenkernöl

Apfelessig, Zucker, Salz und Pfeffer zusammen in einen Topf geben und aufkochen, damit sich Salz und Zucker auflösen. Dann den Weißwein und das Traubenkernöl (darf nicht mehr erhitzt werden, da Sie sonst das gesunde Öl in seiner Struktur verändern würden) dazugeben. Kräftig, am besten mit einem Handmixer, verrühren. Anschließend in Flaschen abfüllen. Das Rühren ist wichtig, da sich sonst der Essig sofort absetzen würde.

Vor dem Verwenden des Dressings die Flasche kräftig schütteln, damit sich Essig und Öl wieder verbinden.

Mein Tipp: Sie können von dieser Salatsoße ruhig etwas mehr zubereiten.
Füllen Sie das Dressing in Mineralwasserflaschen ab, so können Sie die
Vinaigrette gut drei Monate an einem kühlen Ort aufbewahren.
Nicht vergessen: Vor jeder Verwendung müssen Sie die Flasche gut schütteln.

In Italien stellt man Pesto mit Basilikum und Pinienkernen sowie Olivenöl her. Ich serviere meinen Gästen die Wittelsbacher-Land-Variante mit heimischem Bärlauch und Walnüssen sowie Rapsöl. Eine köstliche regionale Verführung!

Bandnudeln mit
Bärlauchpesto

Zubereitungszeit: 30 Min.

300 g Bandnudeln
150 g Bärlauch
30 g Pecorinokäse (fein gerieben)
50 g Walnusskerne (leicht geröstet)
125 ml Rapsöl
Salz
Pfeffer
4 Kirschtomaten

Die Nudeln nach Packungsanleitung in Salzwasser bissfest kochen. Inzwischen die Bärlauchblätter abbrausen und vorsichtig abtrocknen, anschließend in feine Streifen schneiden. Die Walnusskerne ohne Öl vorsichtig rösten. Alle Zutaten in ein hohes Gefäß geben und am besten mit einem Stabmixer zerkleinern.

Die Konsistenz sollte cremeartig sein; daher das Öl nach und nach zugeben bis die gewünschte Konsistenz erreicht ist. Mit Salz und Pfeffer aus der Mühle abschmecken.

Die Nudeln auf vorgewärmte Teller anrichten, die Kirschtomaten halbieren und mit auf den Teller legen. Das Pesto über die Nudeln geben und mit Pecorinospänen dekorieren.

Schmeckt als Pesto zu allen Arten von Nudeln, aber auch zu gekochten Salzkartoffeln oder als Dip zu einer deftigen bayrischen Brotzeit.

Mein Tipp: Stellen Sie mehr vom Bärlauchpesto her. Das Pesto in schöne Gläser abfüllen und als Geschenk mitbringen. Im Kühlschrank hält sich das Pesto maximal vier Wochen.

Falls Sie keine Brennnesseln bekommen können, kann die Suppe stattdessen mit Bärlauch oder Basilikum hergestellt werden.

Brennnesselsuppe
mit Zandernockerln

Zubereitungszeit: 30 Min.

1 große Zwiebel
1 Zehe Knoblauch
0,5 l Gemüsebrühe
500 g Brennnesseln
1 Löffel Crème fraîche
200 g Zanderfilet, gefroren
2 Scheiben Toastbrot ohne Rinde
1 Eiweiß
80 g Sahne
Salz
weißer Pfeffer
1 TL Knoblauchöl
1 Prise Muskat, gerieben

Die Zwiebel und den Knoblauch in feine Würfel schneiden. Zuerst die Zwiebel, etwas später den Knoblauch in einem Topf andünsten. Dann wird ein halber Liter Gemüsebrühe dazugegeben.

Die Brennnesseln in feine Streifen schneiden. Beginnt die Gemüsebrühe zu sieden, gibt man ca. 500 g Brennnesselblätter dazu. Kurz aufkochen lassen. Mit einem Pokalmixer fein pürieren. Ist die Suppe zu dick, können Sie mit etwas Gemüsebrühe zu der von Ihnen gewünschten Konsistenz verdünnen. Mit Salz und Pfeffer den Geschmack abrunden.

Das gefrorene Zanderfilet etwas antauen lassen und anschließend in grobe Stücke zerteilen. In einem Mixer (zum Beispiel Thermomix) kurz zerkleinern. Das Toastbrot zerbröseln, mit dem Eiklar und der kalten Sahne zum Fisch geben, eine Farce herstellen. Die Farce mit Salz, weißem Pfeffer, etwas Knoblauchöl und Muskat abschmecken. Nochmals kurz pürieren.

Einen Topf mit Salzwasser aufstellen. Wenn das Wasser kocht, die Herdflamme klein stellen und in siedendem Wasser die Nockerln vorsichtig in ca. fünf Minuten gar ziehen lassen.

Zum Anrichten die Suppe auf vier vorgewärmte Teller verteilen, jeweils drei Zandernockerln dazugeben und mit Crème fraîche verfeinern.

Mein Tipp: Verwenden Sie zum Schneiden der Brennnesseln unbedingt Gummihandschuhe, dann beginnen Ihre Hände nicht zu jucken.

Genießen Sie doch einmal etwas Gesundes aus dem Wittelsbacher Land.
Ein einfaches Gericht, neu interpretiert.

PELLKARTOFFELN MIT QUARK VON
WITTELSBACHER-LAND-KRÄUTERN

Zubereitungszeit: 45 Min.

4 große Kartoffeln
5 g Kümmel
Salz
100 g gemischte frische Kräuter:
z. B. Schnittlauch, Petersilie, Dill,
Majoran, Estragon etc.
500 g Quark
evtl. 0,1 l Milch
1 EL Crème fraîche
weißer Pfeffer aus der Mühle
Je nach Geschmack:
1 Knoblauchzehe

Die Kartoffeln gründlich waschen und in einen Topf entsprechender Größe geben. Die Kartoffeln mit Wasser bedecken, den Kümmel und das Salz dazugeben und die Kartoffeln gar kochen.

Die frischen Kräuter abzupfen und glatt durchschneiden, nicht hacken. Quark, evtl. etwas Milch und Crème fraîche in eine Schüssel geben und mit den Kräutern vermischen. Je nach persönlichem Geschmack kommen noch Gewürze wie Salz, Pfeffer und Knoblauch dazu. Die warmen Kartoffeln nicht schälen, sondern einfach halbieren und mit dem Quark bedecken. Sofort servieren.

Dazu schmeckt hervorragend geräucherter Fisch, z. B. heimische Forelle oder Saibling. Und trinken Sie dazu ein Glas frische Milch.

Mein Tipp: Alle Kräuter, die Sie für den Kräuterquark verwenden, sollten frisch sein. Nur so entfalten sich Geschmack, Duft und auch der Gesundheit zuträgliche Inhaltsstoffe.

Gemüse

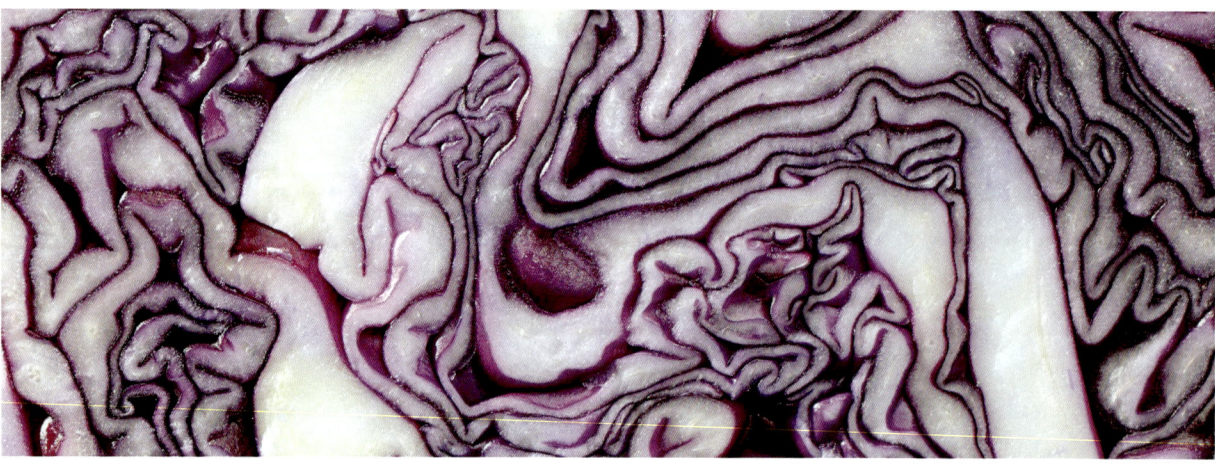 

Gemüse

Allgemeines über Gemüse

Gemüse wird als Beilage vor allem wegen seines Gehalts an Vitaminen, Mineralsalzen, Extraktstoffen und ätherischen Ölen gegessen und wirkt zudem geschmacksbildend und appetitanregend. Zudem hat Gemüse aufgrund seines hohen Anteils an Ballaststoffen eine wichtige Funktion für die Verdauung. Da Gemüse einen relativ hohen Wasseranteil aufweist, ist der Energiegehalt dementsprechend gering.

Gemüse kaufen

Frisches Gemüse kaufen Sie am besten auf Bauernmärkten. Dort ist in der Regel die Saison das Verkaufsargument, denn was bei den Bauern nicht wächst, kann auch nicht vermarktet werden. Des Weiteren ist das Gemüse sehr frisch, da es relativ kurze Transportwege hinter sich hat. Dadurch sind auch mehr Vitamine enthalten. Bei der Lagerung von Gemüse beträgt der Vitaminverlust, je nach Gemüseart, innerhalb 24 Stunden bis zu 50 Prozent. Es ist darum sinnvoll, frisches Gemüse nur nach dem tatsächlichen Bedarf zu kaufen.

Gemüse aufbewahren

Sie sollten frisches Gemüse am besten kühl und dunkel im Kühlschrank lagern. Zudem sollte Gemüse nicht mit Obst zusammen aufbewahrt werden. Das im Obst enthaltene gasförmige Pflanzenhormon Ethylen beschleunigt den Reifeprozess des Gemüses.

Saison

Jedes Gemüse hat seine eigene Saison

Blaukraut

Rotkohl gehört zu den Kohlgemüsearten. Seine festen Köpfe zeichnen sich durch ihre rot-grünen Außen- und glatten, dunkelrotvioletten Innenblätter aus.

Er ist reich an Eisen, Anthocyanen (sekundäre Pflanzenstoffe, Pflanzenfarbstoff, Radikalfänger, Stärkung des Immunsystems, Entzündungshemmer), Mineralstoffen, Zucker und Senfölen. Er besitzt wenig Kalorien, aber viele Ballaststoffe.

Blaukraut ist reich an Ascorbin, das sich beim schonenden Erhitzen in Vitamin C verwandelt. Zu langes Kochen zerstört die Vitamine jedoch zum Teil. Deshalb ist es vor allem im Winter gut, Rotkraut auch ab und zu als Rohkostsalat zuzubereiten, wie in meinem Rezept „Salat vom Blaukraut mit gebratener Entenleber" beschrieben.

Saison

Anfang Juli bis Ende Dezember

Rhabarber

Rhabarber ersetzt drei empfohlene Portionen Gemüse pro Tag mühelos. Denn obwohl er wie Obst verarbeitet wird, gehört Rhabarber zu den Gemüsen. Rhabarber ist mit zehn bis 29 Milligramm pro 100 Gramm Rohware besonders Vitamin-C-reich und kann mit dieser Menge bereits ein Drittel des Tagesbedarfs an Vitamin C decken. Vitamin C ist gut fürs Immunsystem. Der Gehalt an anderen Vitaminen ist eher durchschnittlich.

Hervorzuheben ist jedoch der hohe Gehalt an Kalium mit 80 Milligramm pro 100 Gramm Rhabarber. Kalium hat eine entwässernde Wirkung und fördert den Nährstofftransport vom Blut in die Körperzellen. Das ebenfalls in nennenswerten Mengen enthaltene

Natrium regt die Darmbewegung an und ist damit verdauungsfördernd. Hinzu kommt eine blutreinigende Wirkung, so dass Rhabarber für eine Entschlackungskur im Frühjahr wie geschaffen ist. Außerdem sind noch Eisen und Kalium für die Knochenbildung sowie Phosphor enthalten. Rhabarber ist sehr kalorienarm.

Charakteristisch ist die fruchtig-säuerliche Note des Rhabarbers. Seine Sorten decken verschiedene Süß- und Säuregrade ab. Der Rhabarber mit rotem Stiel und rotem Fruchtfleisch schmeckt süßlich und erinnert an Himbeeren. Besonders sauerfrisch und ideal für Kompotte sind die dicken grünen Stängel. Rhabarber mit dünnem, rotem Stiel und grünem Fruchtfleisch liegt geschmacklich in der Mitte.

Entgegen seinem Ruf lässt sich Rhabarber schnell und problemlos verarbeiten. Zu Beginn der Saison müssen die Stangen nicht einmal geschält werden. Für Rhabarberkuchen wird das Gemüse lediglich gewaschen und in kleine Stücke geschnitten. Für Nachtische wird Rhabarber meist zu Kompott verarbeitet.

Mein Tipp: Ab Mitte der Rhabarberzeit sollten Sie die Stangen schälen, damit reduzieren Sie den erhöhten Oxalsäuregehalt. Das Blanchieren und die Zubereitung mit Milch verringern die Oxalsäuremenge ebenfalls.

Saison
Mitte April bis Mitte Juni

Schwarz-
wurzel

Schwarzwurzeln zählen wegen ihres hohen Gehalts an Vitaminen und Mineralstoffen zu den wertvollsten Gemüsen überhaupt. Sie enthalten Provitamin A – wichtig für die Augen –, Vitamin B1, B2 und B3, C und E sowie sehr viel Kalium, Kalzium, Magnesium und Phosphor, reichlich Eisen – die Gehirntätigkeit unterstützend – und außerdem Glycoside, Asparagin und Allantoin. Allantoin wird wegen der wundheilenden, zellerneuernden und desinfizierenden Wirkung gerne in Salben verarbeitet. Im dicken weißen Milchsaft der Schwarzwurzeln sind Bitterstoffe enthalten, die die innersekretorischen Drüsen anregen, sowie Inulin, ein Zucker,

der für Diabetiker ganz besonders bekömmlich ist.

Schwarzwurzeln sind schweiß- und harntreibend und deshalb auch für eine Nierendiät empfehlenswert. Als Anti-Stress-Gemüse wegen weiterer Bestandteile des Milchsafts wirken Schwarzwurzeln, am Abend gegessen, beruhigend, entspannend und schlaffördernd.

Den Schwarzwurzeln werden außerdem eine entgiftende Wirkung auf die Leber, eine Anregung zur Bildung roter Blutkörperchen und eine der Knochenentkalkung im Alter entgegengerichtete Wirkung zugeschrieben. Da Schwarzwurzeln auch einen hohen Nitratgehalt besitzen, ist es zu empfehlen, Saucen zu dem Gemüse zu genießen, die mit Zitronensaft zubereitet sind. Das darin enthaltene Vitamin C unterbindet die Bildung von Nitrosaminen aus dem Nitrat, die krebserregend sein können.

Schwarzwurzeln sind kalorienarm und sehr bekömmlich und deshalb auch gut als Schonkost geeignet.

Saison
Mitte September bis Ende Februar

*Meine gute Freundin Gabriele inspirierte mich eines Tages zu diesem Rezept,
als sie im Herbst über die vielen grün gebliebenen Tomaten klagte.
Wohin damit, wenn der Sommer sie wieder einmal nicht reif werden lässt?
Ab damit ins Glas!*

CHUTNEY VON grünen TOMATEN

Zubereitungszeit: 2 Std.
Ergibt ca. 6 Weckgläser à 500 g

3 kg grüne Tomaten
1 kg Zwiebeln
500 g Rosinen
750 g Gelierzucker
0,75 l Weinessig
2 EL mittelscharfer Senf
2 EL Curry
2 EL Cayennepfeffer
1 TL Salz
1 TL Ingwer, gemahlen
2 TL Paprikapulver, süß

Die Tomaten waschen und dann grob würfeln. Die Zwiebeln ebenfalls grob würfeln. Tomaten, Zwiebeln, Rosinen, Gelierzucker, Weinessig und Senf in einen großen Topf geben. Zugedeckt 90 Minuten köcheln lassen.

Danach die Gewürze Curry, Cayennepfeffer, Salz, Ingwer und Paprikapulver dazugeben und unterrühren. Nochmals ca. 15 bis 20 Minuten aufkochen und dann abschmecken. Noch heiß in saubere Weckgläser füllen.

Passt ausgezeichnet zu gebratenem Hühnchen, schmeckt aber auch kalt als Dip.

Hinweis: Grüne Tomaten enthalten das Pflanzengift Solanin. Durch die Hinzugabe der Zutaten wird das Solanin jedoch stark verdünnt. Trotzdem sollten Sie keine großen Mengen auf einmal verzehren.

Die beste Kürbisart für eine Suppe ist der Hokkaidokürbis. Er schmeckt intensiv, zaubert eine schöne Farbe in die Suppe und braucht nicht geschält zu werden.

RAHMSUPPE VOM HOKKAIDOKÜRBIS MIT MOHNPLÄTZCHEN

Zubereitungszeit: 45 Min.

ca. 300 g Hokkaidokürbis
1 kleine Zwiebel
1 EL Sonnenblumenöl
10 g Ingwer
0,4 l Gemüsebrühe
0,1 l Apfelsaft
0,2 l Sahne
Salz
Nach Geschmack:
geröstete Kürbiskerne
Kürbiskernöl

Den Kürbis halbieren und das Kerngehäuse entfernen, in grobe Stücke schneiden. Die Zwiebel in grobe Würfel schneiden.

In einem Topf das Sonnenblumenöl erhitzen, die Zwiebel- und Kürbiswürfel darin anschwitzen. Den Ingwer reiben und dazugeben. Mit der Gemüsebrühe und dem Apfelsaft aufgießen und in ca. 15 Minuten gar kochen. In einem Pokalmixer ganz fein pürieren.

Wieder in einen Topf geben, aufkochen. Mit der Sahne verfeinern, zum Schluss mit Salz abschmecken. Beim Anrichten können Sie die Suppe mit den gerösteten Kürbiskernen und Kürbiskernöl sowie Mohnplätzchen dekorieren.

Mein Tipp: Ich verwende für die Suppe Apfelsaft, weil ihr dieser einen schönen, fruchtigen Geschmack verleiht. Sollte Ihnen die Suppe zu dick sein, bitte mit etwas Gemüsebrühe oder Apfelsaft strecken, bis die Suppe die für Sie richtige Konsistenz aufweist.

Mohnplätzchen
Zubereitungszeit: 30 Min.

1 Scheibe Blätterteig
etwas Mohn
1 Eigelb

Den Blätterteig ausrollen, Kreise von etwa zwei Zentimetern Durchmesser ausstechen, mit Eigelb einstreichen, mit Mohn bestreuen. Im Backrohr bei 180 °C ca. 15 Minuten backen.

Gemüse-Ziegenkäse-Terrine
mit Senf-Artischocken-Püree
à la Valentin

Terrine
Zubereitungszeit: 1,5 Std.

5 Zucchini
5 Karotten
jeweils 2 Paprika, gelb und rot
4 Tomaten
10–12 große Gelatineblätter
500 g Ziegenfrischkäse
Knoblauch
Rosmarin
Thymian
Salz
Pfeffer
abgeriebene Schale von 1 Zitrone
Muskat

Zucchini und Karotten in lange Scheiben schneiden. Kurz in kochendem Wasser blanchieren. Paprika und Tomaten entkernen, enthäuten und vierteln. Gelatine einweichen. Aus dem Ziegenkäse eine Rolle von zwei bis drei Zentimeter Durchmesser formen. Die Gewürze Knoblauch, Rosmarin, Thymian für den Geschmack fein hacken, mischen. Salz, Pfeffer, abgeriebene Zitronenschale und Muskat dazugeben, beiseitestellen.

Schichten: Die Terrinenform mit Folie auskleiden. Und nun Schicht für Schicht zuerst Gelatine, darauf das Gemüse (Zucchini, Karotten, Tomaten) und dann die Gewürzmischung einlegen. Die Lagen gut zusammendrücken. So lange weiter stapeln, bis man die Mitte der Terrinenform erreicht hat. Nun die Ziegenfrischkäserolle in die Mitte legen und das Gemüse der Rolle anpassen. Wenn die Terrine eine gerade Fläche aufweist, einfach die Paprika obenauf legen und ein letztes Blatt Gelatine darüberlegen. Die Terrine mit der Folie verschließen und im Wasserbad 20 Minuten bei 175 °C im Ofen fertig garen. Ca. drei Stunden abkühlen lassen, aus der Form nehmen und in Scheiben schneiden.

Püree
Zubereitungszeit: 45 Min.

1 frische Artischocke
1 Zwiebel
1 Knoblauchzehe
4 kleine weiße Champignons
15 g Senf
100 ml Weißwein
Rapsöl
etwas Milch
Butter
Dill
Salz

Die Artischocke schälen, bis nur noch der Boden übrig ist, grob schneiden. Zwiebel und Knoblauch ebenfalls schälen und samt den Champignons in grobe Stücke schneiden. Danach das ganze Gemüse im Topf mit Rapsöl anschwitzen, mit dem Weißwein ablöschen. Etwas Milch hinzugeben und köcheln lassen, bis man das Ganze zu einem Püree verarbeiten kann.

Je nach Konsistenz etwas Butter hinzufügen. Mit dem Senf, Dill und etwas Salz abschmecken.

Kartoffel-Wirsing-Strudel

Zubereitungszeit: 1,5 Std.

1 Kopf Wirsing
300 g mehligkochende Kartoffeln
20 g Butter
Salz
Pfeffer
0,1 l Milch
2 Eigelb
10 g Meerrettich aus dem Glas
Muskat
Strudelteig

Den Wirsing vorsichtig zerteilen. Größere Blätter vom Strunk entfernen. Vier Blätter davon in einem Topf mit Salzwasser blanchieren. Wenn die Blätter gar sind, in kaltem Wasser abschrecken. Anschließend auf einem Tuch zum Trocknen auslegen.

Die Kartoffeln schälen und achteln. In Salzwasser gar kochen. Die Butter, etwas Salz und den Pfeffer in der Milch erwärmen. Die Kartoffeln ohne Wasser in die Milch pressen. Ein festes Püree herstellen, etwas auskühlen lassen. Dann ein Eigelb und den Meerrettich darunterrühren.

Ein Wirsingblatt ausbreiten, ein Viertel der Kartoffelmasse daraufgeben und zu einem Strudel formen. Den gefüllten Wirsing in ein Strudelblatt einschlagen und die obere Seite mit dem zweiten Eigelb bepinseln. Auf ein geöltes Blech legen. Das Ganze noch dreimal wiederholen.

Die Strudel im vorgeheizten Backrohr bei ca. 160 °C 15 bis 20 Minuten goldgelb backen. Schmeckt vegetarisch mit Käsesoße oder als Beilage zu gekochtem Tafelspitz.

ROHKOSTSALAT VOM BLAUKRAUT MIT GEBRATENER ENTENLEBER

Zubereitungszeit: 30 Min.
Marinierzeit Blaukraut: 1 Std.

500 g Blaukraut
30 g Preiselbeeren
Salz
Pfeffer
1 EL Honig
0,1 l Apfelessig
0,2 l Rotwein
0,1 l Sonnenblumenöl
300 g Entenleber
1 kleine Schalotte
20 g Butter
etwas Puderzucker

Das Blaukraut vom Strunk und die äußeren Blätter entfernen. In feine Streifen scheiden, das geht am besten mit einer Aufschnittmaschine oder einem Küchenhobel. Mit den Preiselbeeren, dem Salz, etwas Pfeffer aus der Mühle, dem Honig, dem Apfelessig, 0,1 Liter Rotwein und der Hälfte des Sonnenblumenöls vermischen und gut durchkneten.

Eine Stunde ziehen lassen und anschließend nochmals durchkneten und abschmecken.

Die Entenleber putzen und portionieren. Die Schalotte in feine Würfel schneiden. In der Pfanne das restliche Sonnenblumenöl erhitzen, die Entenleber von allen Seiten anbraten. Jetzt mit Salz, Pfeffer und Puderzucker würzen, warm stellen. In die benutzte Pfanne die Butter geben, die Schalottenwürfel andünsten und mit dem restlichen Rotwein ablöschen. Mit einem Kochlöffel alles durchrühren, etwas einreduzieren lassen, mit Salz und Pfeffer würzen und die Entenleber kurz durch den Rotweinfond ziehen. Mit dem Blaukrautsalat anrichten.

Schwarzwurzel ist ein leider in Vergessenheit geratenes Gemüse. Vielleicht liegt es daran, dass ihre Zubereitung etwas Zeit und Mühe kostet. Aber der Geschmack und ihre Bekömmlichkeit sind die Mühe allemal wert.

schwarzwurzel-karotten-gratin

Zubereitungszeit: 1,5 Std.

500 g Schwarzwurzeln
0,5 l Wasser
2–3 EL Mehl
500 g kleine Karotten
1 Bund Lauchzwiebeln
1 EL Dijon-Senf
60 ml Schlagsahne
2 Eigelb
100 ml Apfelsaft
1 Knoblauchzehe
75 g Bergkäse, gerieben
Salz, Pfeffer
Meerrettich
2 EL Apfelessig

Schwarzwurzeln schälen und sofort mit Mehlwasser (kaltes Wasser mit zwei Esslöffeln Mehl verrühren) bedecken, damit sie sich nicht verfärben. Anschließend in gesalzenem Wasser, dem Sie wiederum etwas Mehl zugeben, etwa 15 Minuten kochen. Die Karotten in wenig Salzwasser ca. zehn Minuten dünsten. Die Lauchzwiebeln fünf Minuten mitdünsten.

Senf, Sahne, Eigelbe und Apfelsaft auf dem heißen Wasserbad schaumig schlagen. Knoblauch fein hacken und mit dem Käse unterrühren. Mit Salz, Pfeffer und Meerrettich abschmecken.

Gemüse abtropfen lassen und in eine feuerfeste Form schichten. Die Käsesoße darübergießen. Im Backofen bei 200 °C ungefähr 15 Minuten goldbraun gratinieren.

Mein Tipp: Zum Schälen sollten Sie Handschuhe tragen, da Sie sonst von der austretenden Milchflüssigkeit braune Finger bekommen. Die geschälten Schwarzwurzeln gleich in Portionsstücke schneiden und in mit Mehl angerührtes Wasser einlegen.

Dieses Dessert schmeckt so köstlich, dass ich es jeden Tag essen könnte. Rhabarber ist eines meiner Lieblingsgemüse, weil er so vielseitig verwendbar und noch dazu sehr gesund ist.

süsse RHABARBERCANNELLONI

Zubereitungszeit: 20 Min.
Ruhezeit: 2 Std.
Ergibt 8 Röllchen

20 g Zucker
70 g zerlassene Butter
1 Eigelb
4 cl Cognac
4 cl Weißwein
250 g Weizenmehl
1 Prise Zimtzucker
1 l Pflanzenöl zum Frittieren

2 Stangen frischer Rhabarber
50 g Zucker
0,1 l Wasser
0,1 l Weißwein
10 g Speisestärke
etwas Puderzucker

Alle Teigzutaten verkneten und zwei Stunden an einem kühlen Ort ruhen lassen. Den Teig sehr dünn ausrollen. Daraus Quadrate mit sieben Zentimeter Seitenlänge ausschneiden. Die Quadrate jeweils um ein Stück Rundholz (Stärke ca. zwei Zentimeter) wickeln.

Die Enden der Teigplatten mit Eigelb bestreichen und zusammendrücken. Die um den Holzstab gewickelten Teigröllchen im heißen Pflanzenöl goldgelb frittieren, danach herausnehmen und das Holz noch im warmen Zustand herausziehen. Auf einen Teller mit Küchenkrepp legen und abtropfen lassen.

Den Rhabarber waschen und schälen. Den Zucker karamellisieren lassen und mit dem Wasser und dem Weißwein ablöschen. Den Zucker in der Flüssigkeit auflösen. Die Schalen des Rhabarbers darin ca. zehn Minuten auskochen. Die Flüssigkeit durch ein Sieb in einen anderen Topf gießen. Die Stärke mit ein wenig kaltem Wasser anrühren und den Rhabarbersud unter ständigem Rühren damit abbinden. Die Rhabarberstangen in zehn Zentimeter lange Stücke schneiden und der Länge nach nochmals halbieren oder vierteln. Im Rhabarbersud bissfest kochen, abkühlen lassen.

Die Röllchen mit den Rhabarberstreifen füllen. Zum Anrichten die Röllchen auf einen Teller legen, mit etwas Rhabarbersoße dekorieren, mit Puderzucker bestäuben und eventuell eine Kugel Erdbeereis dazu reichen.

Mein Tipp: Das Rundholz für die Teigröllchen vorher mit etwas Öl bestreichen, damit der Teig nicht anklebt.

spargel

Spargel

Nährwert, Inhaltsstoffe, Wirkung Schon den alten Griechen war der Spargel bekannt. Er galt und gilt bis heute auch als Heilpflanze, da er überhaupt kein Cholesterin enthält. Der Asparagus officinalis gehört botanisch zur Familie der Liliengewächse.

Es gibt 36 Spargelsorten. Im Wittelsbacher und Schrobenhausener Land wird zu 90 Prozent die Sorte Gijnlim auf leichten, sandigen Böden angebaut. Die Spargelpflanze hat eine Lebensdauer von sieben Jahren. Um gut wachsen zu können, benötigt die Spargelpflanze eine Bodentemperatur von 14 °C.

Im ersten Jahr wird die Pflanze angebaut, ernten kann man noch nichts. Im zweiten Jahr wird der Spargel dann bis zu vier Wochen lang geerntet. Erst ab dem dritten bis zum siebten Jahr wird der Spargel von Ende April bis Mitte Juni zweimal täglich voll geerntet.

Spargel ist reich an Asparaginsäure, die die Nierentätigkeit anregt und entwässernde Wirkung hat. Außerdem beinhaltet Spargel größere Mengen an Vitamin A, B1, B2, C, Mineralstoffe, Kalium, Phosphor und Kalzium.

Ein Kilogramm Spargel hat nur ca. 180 Kalorien, da er zu 95 Prozent aus Wasser besteht.

Spargel kaufen Frischen Spargel erkennen Sie an folgenden Merkmalen: Feste Stangen brechen leicht, sind wenig biegsam und haben saftige Schnittenden. Frischer Spargel quietscht, wenn Sie zwei Stangen aneinanderreiben. Kaufen Sie Spargel mit gleichmäßiger Dicke. Wenn der Spargel säuerlich riecht, ist er nicht mehr frisch.

Spargel aufbewahren Frischen Spargel können Sie einige Tage in ein feuchtes Küchenhandtuch eingewickelt im Kühlschrank aufbewahren.

Spargel einkochen Frischen, geschälten Spargel können Sie sehr gut einkochen. Die Köpfe gehören dabei nach oben in das Glas, damit sie nicht beschädigt werden. Mit vorher aufgekochtem Salzwasser auffüllen und bei 100 °C ca. 90 Minuten einkochen.

Das klassische Spargelrezept Den Spargel sehr sorgfältig schälen, denn das erhöht den Genuss ungemein. Die Enden großzügig abschneiden und mit einem Esslöffel Salz und einem Esslöffel Zucker ca. 17 bis 20 Minuten in siedendem Wasser je nach Geschmack bissfest bis weich garen. Sofort mit Sauce hollandaise oder zerlassener Butter servieren.

Saison
Je nach Witterung Anfang April bis Mitte Juni

SPARGELHOF RANKL

Eingebettet in die Ortschaft Peutenhausen liegt der Spargelhof der Familie Rankl. Hilde Rankl kümmert sich persönlich um den Spargel, der, so sagt sie, heute mal mehr und morgen mal weniger Ertrag bringt. Das Unkraut wird von ihr selbst – auf jegliche Spritzmittel wird verzichtet – von Hand gejätet.

Alles jedoch hängt von der Düngung des Spargels ab, und da haben die Rankls ein Geheimrezept: den Schafmist der eigenen Schafe. Zuerst wird der Boden damit gedüngt, und später gibt es noch eine Kopfdüngung obendrauf. Dies schafft ideale Voraussetzungen für das Wachstum des Spargels.

Wachstum ist auch das nächste Stichwort, denn auf dem Spargelhof Rankl wird ohne Folie gezogen, und darum braucht der Spargel natürlich länger als herkömmlicher Folienspargel. Alles hat hier seine Zeit. So werden die drei Spargelhelfer, die seit 17 Jahren auf dem Spargelhof den Spargel stechen, für die Spargelzeit im Hof einquartiert

und leben und essen mit der Familie. Den grünen Spargel ernten sie leichter, den weißen müssen sie suchen. Sorgfältig wird jeder Biefling, so nennt man die Erdhügel, in denen der Spargel wächst, durchforstet und die Spargelstangen einzeln herausgenommen. Jeder Erntehelfer hat seinen eigenen Biefling und seinen eigenen Korb.

Der geerntete Spargel wird direkt an den Verbraucher vermarktet. Die Rankls haben viele Stammkunden. Bis in ein Münchener Krankenhaus werden auch größere Mengen persönlich geliefert. Der am weitesten entfernte Kunde befindet sich in der Schweiz, ihm schmecke kein anderer Spargel mehr, sagt er. So sieht das auch Martin Wastl, der seit Bestehen seines Tavernwirts ausschließlich den Spargel der Rankls bezieht.

Große Gefahren drohen dem Spargel durch Hagel oder Frost. So fiel beispielsweise in einem vergangenen Jahr im Mai die Ernte etwas geringer aus, weil es nach großer Wärme noch einmal einen richtigen

Frost gegeben hatte. Gefahr für die Ernte droht auch von einer Spargelfliege, die nach der Ernte auf den ausgewachsenen Spargel fliegt und, wenn man nicht aufpasst, den Spargelstock zerstört.

Die Geschichte des Rankl-Hofs beginnt aber natürlich bei den Tieren, die den wertvollen Dünger für den tollen Spargel liefern. Die Schafe, Schweine und Göckel werden mit eigenem Getreide ohne Zusätze gefüttert. So ist garantiert, dass der Spargel frei von Zusatzstoffen wachsen kann.

Die sympathischen Rankls betreiben einen Hofladen, in dem sie während der Saison den Spargel vertreiben, aber auch Fleisch, Geflügel, Wurst und Honig aus eigener Produktion anbieten.

Spargelhof und Hofladen
Hilde und Martin Rankl
Hörzhauser Straße 10
86565 Peutenhausen
Telefon 0 82 52/64 24

Servieren Sie dieses Trio als raffinierte Vorspeise.

weisses spargeleis

Zubereitungszeit: 30 Min.
Kühlzeit: ca. 5 Std.

300 g weißer Spargel
0,3 l Spargelfond
6 Eigelb
100 g Zucker
1 Vanilleschote
0,3 l Milch
300 g geschlagene Sahne

Spargel schälen, in zwei Zentimeter lange Stücke schneiden. Spargel in Spargelfond weich kochen, anschließend in einem Mixer oder besser in einem Thermomixer sehr fein pürieren. 300 Gramm davon abwiegen. Die Eigelbe mit dem Zucker im Wasserbad cremig schlagen. Die Vanilleschote der Länge nach aufschlitzen und das Mark herauskratzen. Die Milch mit dem Mark der Vanilleschote einmal aufkochen. Die Milch kurz abkühlen und dann unter ständigem Rühren zur Eimasse geben. Zur Rose abziehen. Abkühlen lassen. Das Spargelpüree unterheben. Danach die geschlagene Sahne unterheben. In eine Terrinenform aus Silikon füllen (gibt es im guten Fachgeschäft für Küchenzubehör) und mindestens fünf Stunden, besser über Nacht gefrieren.

spargelmousse

Zubereitungszeit: 15 Min.
Kühlzeit: ca. 2 Std.

3 Stangen Spargel
0,2 l Spargelfond
50 g flüssige Sahne
3 Blatt eingeweichte Gelatine
50 g geschlagene Sahne
Salz

Den Spargel schälen und in zwei Zentimeter lange Stücke schneiden. Den rohen Spargel im Spargelfond weich kochen, anschließend im Mixer sehr fein pürieren. Mit der flüssigen Sahne und Salz abschmecken. 200 Gramm davon abwiegen. Die Spargelrahmsuppe wieder leicht erwärmen. Die Gelatine in kaltem Wasser einweichen. Anschließend ausdrücken, in einen Topf wenig kalten Spargelfond geben und die Gelatine darin unter ständigem Rühren auflösen. Sofort unter die warme Spargelsuppe rühren. Zum Schluss die geschlagene Sahne unterheben und alles in Tassen oder Förmchen abfüllen. Für mindestens zwei Stunden in den Kühlschrank stellen und fest werden lassen.

crème brûlée vom spargel

Zubereitungszeit: 30 Min.
Backzeit: 40 Min.

0,4 l Sahne
0,1 l Milch
4 Eigelb
30 g Zucker
200 g weißer Spargel
30 g brauner Zucker

Spargel schälen, klein schneiden und in der Milch-Sahne-Zucker-Mischung sehr weich kochen. Den Spargel samt Flüssigkeit ganz fein pürieren und dann mit den Eigelben gut verrühren. In feuerfeste Förmchen abfüllen und im Wasserbad bei 140 °C Ofentemperatur ca. 40 Minuten stocken lassen. Zum Abkühlen in den Kühlschrank stellen. Zum Servieren mit braunem Zucker bestreuen und mit einem Bunsenbrenner abflämmen, bis der Zucker karamellisiert ist.

Mein Tipp: Für das Wasserbad nehmen Sie eine ofenfeste Form, etwa eine Pfanne oder Bratreine. Diese befüllen Sie mit einem Zentimeter warmem Wasser und bedecken den Boden mit einem Blatt Zeitungspapier. Darauf setzen Sie die Crème-brûlée-Förmchen. Wenn Sie keinen Bunsenbrenner haben, stellen Sie die Förmchen in den Grill, bis der Zucker karamellisiert ist.

Gebratenes Derchinger Saiblingsfilet mit Salat vom Peutenhauser Spargel und Erdbeeren

Zubereitungszeit: 1,5 Stunden

2 frische ganze Saiblinge oder
4 Saiblingsfilets
250 g weißer Spargel
250 g grüner Spargel
Kresse
Zucker
1 Zitrone
Salz
1 EL Olivenöl
1 EL Sonnenblumenöl
8–10 Erdbeeren
Zitronenthymian
etwas Dill

Vinaigrette
nach Belieben:
Rapsöl
Apfelessig
Zitronensaft
Salz
weißer Pfeffer aus der Mühle

Den Saibling filetieren und die Gräten mit einer Pinzette entfernen. Den weißen Spargel sorgfältig schälen. Den grünen Spargel, wenn nötig, an den Enden etwas schälen, beiseitelegen. Den weißen Spargel in einen großen Wassertopf geben. Das Wasser für den Spargel mit etwas Zucker, Zitronensaft und Salz würzen, darin den Spargel bissfest kochen. Den gekochten Spargel warm stellen, etwas Spargelsud für die Vinaigrette aufheben.

Eine Vinaigrette aus Rapsöl, Apfelessig, Salz, weißem Pfeffer, Zitronensaft und dem Spargelsud herstellen. Den gekochten Spargel in zwei Drittel der Vinaigrette einlegen.

Den grünen Spargel in fünf Millimeter dicke Scheiben schneiden. In Olivenöl braten, mit Salz, Pfeffer und Zitronenthymian würzen. Den gebratenen Spargel in einer zweiten Schüssel in etwas Spargelvinaigrette marinieren.

Die Fischfilets mit Salz und Pfeffer würzen, in Sonnenblumenöl auf der Hautseite kross anbraten, warm stellen.

Die weißen gekochten Spargelstangen parallel eng nebeneinander auf einen Teller legen. Das gebratene Saiblingsfilet drauflegen. Die Erdbeeren in kleine Würfel schneiden. Den grünen Spargelsalat mit den Erdbeerwürfeln vermischen. Neben dem Saibling in kleinen Häufchen anrichten und mit Dill garnieren.

Hinweis: Wenn Sie die Erdbeerwürfel zu lange marinieren, werden die Beeren durch den Essig grau.

Die Spitzmorchel ist ein schmackhafter, äußerst seltener Pilz,
der auch bei uns in den Wittelsbacher Wäldern heimisch ist.

MORCHELLASAGNE MIT
grünem spargel

Zubereitungszeit: 1 Std.

8 Nudelplatten von frischem
Nudelteig (gibt es fertig zu kaufen)
oder 8 getrocknete Nudelplatten
(müssen vorher gekocht werden)
200 g frische Morcheln
oder als Alternative
50 g getrocknete Morcheln
60 g Butter
1 kleine Zwiebel oder Schalotte
1 Thymianzweig
2 cl Sherry
300 ml Sahne
Pfeffer und Salz
500 g grüner Spargel
60 g Crème fraîche
25 g Parmesan, gerieben

Aus den frischen bzw. gekochten Nudelteigplatten acht Scheiben mit einem Durchmesser von zehn Zentimetern ausstechen.

Die Morcheln sorgfältig trocken putzen, getrocknete Morcheln in Wasser oder Milch einweichen. Zwiebel oder Schalotte in feine Würfel schneiden, in 30 Gramm Butter glasig dünsten. Die geputzten Morcheln und den Thymianzweig mitdünsten. Mit Sherry ablöschen. Die Sahne dazugeben und ca. fünf Minuten köcheln lassen. Mit Salz und Pfeffer aus der Mühle abschmecken. Den Thymianzweig entfernen. Etwas abkühlen lassen.

Den Spargel in Salzwasser gar kochen, klein schneiden und in den Morchelrahm geben. Die Spargelspitzen für die Dekoration aufheben.

Ein Backblech mit 30 Gramm Butter einfetten. Vier Nudelkreise ins gefettete Backblech legen, jeweils mit Morchelrahm bedecken. Mit vier weiteren Nudelplatten abdecken. Crème fraîche und Parmesan kräftig verrühren, leicht pfeffern und die Lasagne damit überziehen. Im vorgeheizten Backrohr bei 180 °C etwa zwölf Minuten gratinieren.

FLEISCH

FLEISCH

Nährwert, Inhaltsstoffe, Wirkung

Fleisch ist einer der bedeutenden Eiweißlieferanten unserer Ernährung. Das Fleischeiweiß lässt sich grob in zwei Kategorien einteilen: in das Muskeleiweiß (Albumin, Globuline, Myoglobin) und das Bindegewebseiweiß (Kollagen und Elastin). Der Fettanteil ist je nach Fleischsorte und Fleischteilstück unterschiedlich.

Hauptmineralstoff im Fleisch ist das Eisen. Kein Lebensmittel ist besser dazu geeignet, den Eisenbedarf des Menschen zu decken, da Fleisch nicht nur reich an dem Mineralstoff ist, sondern tierisches Eisen auch besser resorbiert werden kann als pflanzliches. Will man die Eisenaufnahme zusätzlich unterstützen, empfiehlt es sich, Vitamin-C-haltige Lebensmittel als Beilage zu essen. Gut geeignet dafür sind beispielsweise Kartoffeln. Besonders reich an Eisen sind übrigens rote Fleischsorten, wie zum Beispiel Oxenfleisch.

Unter den Vitaminen findet man vor allem Vitamin B12. Dies ist ein Vitamin, das ausschließlich in tierischen Lebensmitteln enthalten ist.

Fleisch kaufen

Beim Metzger Ihres Vertrauens können Sie in der Regel davon ausgehen, dass Sie abgehangenes Fleisch bekommen. Was bedeutet das? Jedes Tier hat nach dem Schlachten die sogenannte Totenstarre. Durch die Enzyme im Fleisch, die nach dem Töten weiter arbeiten, wird diese Totenstarre aufgelöst. Deshalb gilt die Faustregel: Je größer das Tier, desto länger sollte das Fleisch abgehangen werden. Beim Oxen sind das ca. zwei bis drei Wochen.

Fleisch aufbewahren

Fleisch zählt zu den leicht verderblichen Lebensmitteln. Deswegen gehört es nach dem Einkauf sofort in den Kühlschrank. Das Fleisch dafür aus der Verpackung nehmen und in eine Metallschüssel legen. Anschließend mit Frischhaltefolie geruchsdicht abdecken. Im Kühlschrank sollte Fleisch an der kältesten Stelle gelagert werden. Bei 0–4 °C hält sich Rindfleisch drei bis vier Tage. Kalb- und Schweinefleisch sollten Sie innerhalb von zwei bis drei Tagen zubereiten.

Saison
Das ganze Jahr

Tipps zu den Garzeiten:

Chateaubriand = Mittelstück vom Rinder- oder Fohlenfilet, Bratzeit für ein Chateaubriand von ca. fünf Zentimeter Dicke:

roh / rare / bleu:
etwa 7–8 Minuten,
Kerntemperatur: 45–50 °C

medium rare / saignant:
etwa 12–14 Minuten,
Kerntemperatur: 50–55 °C

medium / à point:
etwa 17–18 Minuten,
Kerntemperatur: 60–62 °C

durch / well done / bien cuit:
etwa 22–25 Minuten,
Kerntemperatur: 68–70 °C

Am besten besorgen Sie sich ein mechanisches Fleischthermometer. Es ist im Fachhandel erhältlich.

der WITTeLsBacHer weIDeOX

Hinweis zum Kurzbraten von Oxensteaks:

Beim Kurzbraten von Oxensteaks empfiehlt es sich, das mit Salz und Pfeffer gewürzte Fleisch von jeder Seite zwei bis drei Minuten anzubraten. Dann lassen Sie die Steaks im Backrohr bei ca. 120 °C mit Aromaten (zum Beispiel Knoblauchzehen, Pfefferkörner, Rosmarin) für acht bis zehn Minuten ziehen. So erhalten Sie schöne, rosa gebratene Steaks. Ein Genuss, den Sie sich unbedingt einmal gönnen sollten.

Folgende strenge Bestimmungen regeln die Aufzucht, Fütterung, Schlachtung und Vermarktung der Wittelsbacher Oxen:

· Die Oxen stammen von heimischen Weiden und Ställen.
· Das Futterheu der Bauern kommt ausschließlich aus der Region.
· Es dürfen keine genmanipulierten Futtermittel eingesetzt werden.
· Die artgerechte Haltung wird regelmäßig über zwei Jahre kontrolliert.
· Die regionale Erzeugung und Verarbeitung sind lückenlos nachvollziehbar.

Die Schreibweise …

… des Oxen mit „x" zeugt von der altbairischen Tradition, im Wittelsbacher Land Oxen aufzuziehen. Nur wenn ein Rind im Landkreis Aichach-Friedberg geboren, aufgezogen und geschlachtet wurde, darf es den Qualitätsnamen „Weideoxenfleisch aus dem Wittelsbacher Land" tragen.

Die Rinder für den Wittelsbacher Weideoxen werden aus den Rassen Fleckvieh, Limousin und Charolais gezüchtet.

oxenbauer sebastian schadl

Es ist schon eine kleine heile Welt, die hinter Schiltberg an der Landkreisgrenze zu Dachau liegt. Dort steht, gut versteckt und mitten im Grünen, der Bauernhof der jungen Familie Schadl in Kühnhausen. Darüber strahlt der Himmel blau-weiß, heute ist ein typisch bayerischer Sommertag auf dem Lande. Die Limousin-Rinder glänzen braun in der Sonne auf der rund 20 Hektar großen Hügelwiese, auf der sie von März bis Oktober leben. Geschätzte zwei Dutzend Mutterkühe bewachen stolz ihre kleinen schlafenden Kälber, die erst im Alter von zehn Monaten von der Mutter getrennt werden.

Den Winter über kommen die Tiere in den größzügigen, mit Stroh eingestreuten Stall. Dort werden alle Vorbereitungen für den Frühling getroffen, wie eben das Absetzen der Kälber von der Mutterkuh.

Sebastian Schadl hat in der Viehzucht schon einiges ausprobiert, aber er blieb bei der Rasse Limousin. Eine lebendige, energiegeladene Rasse, die mageres, qualitativ hochwertiges Fleisch liefert. Insbesondere die edlen Teile wie Filet oder Lende wüchsen etwas größer als bei anderen Rassen, sagt Sebastian Schadl.

Gerlinde Schadl fügt hinzu, dass die Befruchtung der Kühe völlig natürlich und ohne künstliche Maßnahmen stattfinde, weil sie selbst einen eigenen Zuchtbullen halten. Herr und Frau Schadl füttern nur aus hofeigenen Futtermitteln. Sebastian Schadl baut, statt gentechnisch verändertes Futter zu verwenden, die blaue Süßlupine an, um den Tieren das nötige Eiweiß zuführen zu können. Diese Pflanze liefert nicht nur hochwertiges Eiweiß, sondern fördert auch die Bodenfruchtbarkeit, meint Bauer Schadl.

Einmal im Jahr finden Kontrollen statt, aber den Schadls selbst genügt das nicht, ihr eigener Anspruch an die Qualität sei sehr hoch und gehe weit über die regelmäßigen Kontrollen hinaus. So erfolgt beispielsweise die Düngung der Felder mit dem Mist, der im Stall anfällt. Dies sei wesentlich mühsamer, als mit Gülle zu düngen. Lagerung, Umschichtung, Reifung – das alles sei aufwendig und mache viel Arbeit. Aber es lohne sich für die schonende Bearbeitung des Bodens, der ja wiederum die Nahrung für die Rinder liefert.

Die Schadls haben keinen Hofladen und keinen Direktvertrieb. Ihre hochwertigen Wittelsbacher Weideoxen vertreibt die Hofmetzgerei Ottillinger in ihren Filialen oder direkt am Schlachthaus in Pöttmes.

Oxenbauer Sebastian Schadl
86576 Kühnhausen
Tel. 0 82 59/3 32
gerlinde.schadl@web.de

HOFMETZGEREI OTTILLINGER

„Vegetarier betrachten ihre Mitmenschen, die Fleisch essen, als wären Sie für den Mord an Tieren verantwortlich. Die Natur ist ein ständiger Kreislauf von Leben und Tod, und eines Tages werden wir selber die Erde nähren – daher essen Sie, wenn Sie nicht einer Religion angehören, die bestimmte Nahrungsmittel verbietet, was Ihr Organismus verlangt."

Paulo Coelho, brasilianischer Schriftsteller

Der Chef, wie die Mitarbeiter Franz Ottillinger liebevoll nennen, sitzt mir gegenüber und wir sprechen darüber, dass er mit allen Mitarbeitern per du ist. Manchmal sei diese Nähe nicht vorteilhaft, aber im Tagesgeschäft sei ein gutes Teamgefühl für ihn unentbehrlich. Das ist gut vorstellbar, denn hier muss wirklich alles Hand in Hand gehen.

Franz Ottillinger legt großen Wert auf die artgerechte Haltung der Tiere, die geschlachtet werden. Er und seine Lieferanten unterziehen sich gerne den ständigen Kontrollen der QAL aus Vierkirchen. So tragen alle zu einer ständigen Qualitätsverbesserung der Fleisch- und Wurstwaren bei. Dieser Mann, der sein Herz am rechten Fleck trägt, hat nichts zu verbergen. Eine Führung durch das extrasaubere Schlachthaus untermauert diesen Eindruck.

Zweimal in der Woche ist Schlachttag bei Franz Ottillinger. Es werden Schweine und Rinder angeliefert, die unter anderem zu den geschützten Marken des Wittelsbacher Weideoxen und des Wittelsbacher Landschweins gehören und dementsprechend verarbeitet werden. Diese Tiere unterliegen besonderen Qualitätskriterien, zum Beispiel dass die Tiere im Wittelsbacher Land geboren, genfrei gefüttert und in der Region geschlachtet werden.

Schlachttiere werden meist einen Tag zuvor angeliefert und können sich über Nacht in extra bereitgestellten Boxen vom Transport erholen. Um vier Uhr morgens beginnt dann der Schlachttag. Die Tötung der Tiere erfolgt schnell und schmerzfrei. Eine Tierärztin überwacht akribisch den gesamten Vorgang.

Für die weitere Verarbeitung ist alles hochprofessionell mit den neuesten Geräten ausgestattet. Aber erst muss das Fleisch in geeigneten Räumen reifen. Die feinen Wurstwaren werden nach hauseigenen Rezepten durch erlesene Zutaten, wie zum Bei-spiel mit Honig, Sahne oder frischem Gemüse, verfeinert.

Bei Rindern werden für jedes Stück Fleisch die Ohrnummer des Tieres, der Geburtsort, der Aufzuchtort und der Schlachtort sowie der Erzeuger auf das spätere Etikett gedruckt. Alles wird genauestens protokolliert, damit man die Ware bis hin zu seinem Erzeuger zurückverfolgen kann.

Nach der Verarbeitung werden die Produkte verpackt und an die jeweiligen Standorte der Filialen gebracht. Vorbestellungen von Kunden, auch für den „Tavernwirt", werden zur Abholung bereitgestellt.

Die Hofmetzgerei Ottillinger liefert den Wittelsbacher Weideox, der nicht überall zu bekommen ist. Man kann ihn in den Filialen, beim Bauernmarkt in Dasing oder direkt an der Hofmetzgerei in Pöttmes bestellen und abholen. Die Metzgerei liegt an der Grenze zum „Moos", etwas außerhalb von Pöttmes.

Hofmetzgerei Ottillinger
Am Erlenschlag 1
86554 Pöttmes
Tel. 0 82 53/3 12
info@ottillinger.de

Freiherr von Gravenreuth'sche Forstverwaltung

Der Luchs und der Wolf waren früher die natürlichen Feinde des Wildes. Sie sorgten für die gesunde Reduzierung der Rehe im Wittelsbacher Land. Doch seit die Raubtiere aus unserer Heimat verschwunden sind, muss die Jägerschaft dafür sorgen, dass sich der Bestand in natürlichen Grenzen hält.

Für einen Teil des Wittelsbacher Landes ist Michael Reißmann mit seinem Team von der Freiherr von Gravenreuth'schen Güterinspektion zuständig. Ihr Gebiet umfasst Wälder in den Gemeinden Affing, Haunswies, Zahling, Obergriesbach und Gundelsdorf. Hier werden Rehe und Wildschweine auf der Jagd erlegt und dem Direktverbraucher angeboten. Michael Reißmann erzählt, dass Fleisch vom Wild dem Verbraucher eine Menge an Vorteilen bietet.

Natürlich: Das Fleisch wächst natürlich heran. Die Lebensweise des Wildes in der freien Natur, die uneingeschränkte Bewegungsfreiheit, das abwechslungsreiche Futter, das die Natur in ausreichender Menge bereitstellt – all dies sind gute Voraussetzungen für den besonderen Wohlgeschmack des Wildfleisches.

Fettarm und mineralstoffreich: Wildfleisch ist sehr fettarm. Der geringe Fettanteil setzt sich wiederum aus einem wesentlich höheren Anteil ungesättigter Fettsäuren zusammen als bei Zuchttieren. Wildfleisch ist ebenso sehr reich an Mineralstoffen. Die spezielle Eiweißzusammensetzung macht Wildfleisch besonders schmackhaft und leicht verdaulich.

Regional: Wildfleisch aus heimischen Revieren wie dem Wittelsbacher Land legt keine Hunderte oder gar Tausende Kilometer zurück. Das Fleisch aus der Gravenreuth'schen Güterinspektion stammt aus dem Umkreis von ca. 15 Kilometern und wird unter sorgfältiger Beachtung aller Fleischhygienevorschriften direkt in Affing erzeugt. Das Fleisch wird mindestens drei bis vier Tage abgehangen, bevor es verarbeitet wird. Es ist nicht zuletzt deshalb so ökologisch hochwertig, weil es aus nachhaltiger Nutzung produziert wird.

Ganzjährig: Wildfleisch ist das ganze Jahr erhältlich. Das Wildschwein hat keine Schonzeiten und das Reh wird lediglich vom 15. Januar bis zum 30. April nicht erlegt. In dieser Zeit kann man tiefgekühlte Ware beziehen. Das im Mai erlegte Wild ist nach dem Winter ganz besonders fettarm. Es ist zudem besonders zart, weil der Wald viel Jungwild liefert.

Die Jagd selbst habe viel mit Leidenschaft zu tun, meint der charismatische Förster, aber auch mit Geduld und Konzentration, vor allem aber mit handwerklichem Können und Landeskultur. Traditionell wird zum Beispiel dem Tier die letzte Ehre durch den sogenannten „Letzten Bissen" erwiesen. Der Jäger steckt einen Zweig aus der Nähe des Abschussplatzes in das Maul (den „Äser") des erlegten Tieres. Die oberste Mission von Michael Reißmann und ihrer Jägerschaft ist es, seinen Kunden frische und hohe Fleischqualität anzubieten. Sein Lieblingsgericht sind übrigens Spareribs vom selbst erlegten Wildschwein: „Da weiß man, was man hat", fügt er schmunzelnd hinzu. Man kann das Wild telefonisch oder per E-Mail bestellen.

Freiherr von Gravenreuth'sche Forstverwaltung
Schlossplatz 1
86444 Affing
Tel. 0 82 07/9 58 80
gueterinspektion.affing@t-online.de

ASAMHOF KISSING

Der Asamhof, ein Erbhof, der seit 1701 von der Familie Asam liebevoll geführt wird, war ursprünglich einmal eine Mühle und wurde erst später in eine Landwirtschaft überführt. Er ist in Alt-Kissing am südlichen Ortsrand zu finden. Dort kümmert man sich hauptsächlich und leidenschaftlich um eine genfreie Futtermittelherstellung für den Landkreis. Der Asamhof beliefert unsere Bauern mit einwandfreien und regional angebauten Eiweißträgern wie beispielsweise der genfreien, im Wittelsbacher Land angebauten Sojabohne. Es wird immer wieder mit Sorten experimentiert, um eine Qualitätsoptimierung zu erreichen. Die Kaninchen, so Josef Asam, seien mehr ein Nebenerwerb. Die rund 100 Mutterkaninchen der Rasse Weiße Neuseeländer sorgen für die Nachkommen, die zur Schlachtung verwertet werden. Diese Rasse ist nach drei Monaten schlachtreif und liefert äußerst gesundes, fettarmes Fleisch. Es versteht sich von selbst, dass die Kaninchen bestes hauseigenes Futter bekommen und artgerecht gehalten werden.

Auf dem Hof befindet sich ein den EU-Richtlinien entsprechendes Schlachthaus. Das bedeutet, dass alle Tiere, die hier aufwachsen, keine langen Strapazen durch weite Transporte erdulden müssen. Jeden Montag ist Schlachttag und die Kaninchen werden direkt an den Verbraucher abgegeben sowie auf Wochenmärkten verkauft. Sie können gerne auch telefonisch oder per E-Mail vorbestellen.

Asamhof Kissing
Hauptstraße 1
86438 Kissing
Tel. 0 82 33/56 76
mail@asamhof-kissing.de

Pfeifferhof Breumeir

Wenn man von Griesbeckerzell aus nach Haunswies fährt, so erkennt man im Sommer schon von Weitem auf der linken Seite einen riesengroßen weißen Fleck auf der Wiese. Nähert man sich, löst sich der Fleck in einzelne weiße Punkte auf. Die Punkte bekommen hie und da Flügel und es schnattert von der Wiese herüber. Ist man nah genug, so erkennt man über 100 wunderschöne weiße Gänse, die sich auf einer drei Tagwerk großen grünen Wiese mit eigenem Bachlauf tummeln. Man merkt ihnen an, dass sie nicht nur Glück bringen, sondern auch glücklich sind.

Auf dem Pfeifferhof angekommen, empfangen den Besucher bunte Schilder zum gemütlichen Hofladen. Hinterhalb des Wohnhauses liegt der große Bauernhof, in dem die Tiere von Resi Breumeir zu Hause sind. Betritt man den Laden, so hat man sofort das Gefühl, die Ware, die man hier bekommt, ist authentisch regional, heimisch und gesund.

So wirkt auch Resi Breumeir, die sich persönlich um das Geflügel, die Schlachtung, die Qualitätskontrolle und um die Bestückung des Ladens kümmert. Jeden Dienstag ist Brotbacktag, ihre Lieblingsarbeit, wie sie selbst sagt. Sie experimentiert viel mit dem Korn und der Zusammensetzung – alles Natur pur, alles selbst gemacht.

Mit dem Geflügel hat es Resi Breumeir nicht immer leicht. Alle Menschen möchten gerade an Weihnachten ihre Gans oder Ente. So arbeiten mindestens zehn Personen zur Hochsaison rund um die Uhr, damit der herrliche Braten rechtzeitig bei der Kundschaft auf den Tisch kommen kann.

Einen besonderen Bezug hat sie zur Gans. In einer Kochsendung von Vincent Klint im Südwest-Fernsehen bereitete sie zusammen mit ihm eine Pfeifferhof-Gans zu. In der Sendung erzählte sie auch, wie die weiße Gans auf unseren Kontinent kam. Resi Breumeir meint, Gänse hätten eine spezielle Intelligenz, die sie ganz klar von anderem Geflügel abzuheben scheint.

Gänse und Enten bekommt man auf Vorbestellung. Der Laden ist gut sortiert und reicht über hausgemachte Wurstwaren, Fleisch, Honig, Spargel, Nudeln, Kartoffeln, Eiern bis hin zu dem selbst gebackenen herrlich duftenden Brot.

Pfeifferhof Breumeir
Zellerstr. 2
86444 Haunswies
Tel. 0 82 07/5 07

Dies ist ein altes bayerisches Rezept aus der Bauernküche und nebenbei bemerkt eines meiner Lieblingsgerichte, weil es so ursprünglich schmeckt und einfach in der Zubereitung ist. Viel Spaß beim Nachkochen!

Bauernbratl vom Wittelsbacher Landschwein – ein altes bayrisches Rezept aus der Bauernküche

Zubereitungszeit: 2,5 Std.

1 kg Schweinehals vom Wittelsbacher Landschwein, ohne Knochen
1 kg festkochende Kartoffeln, z. B. Selma
5 Karotten
3 Knoblauchzehen
2 kleine Zwiebeln
1 Zucchini
¼ Sellerie
Kümmel
Salz
Pfeffer aus der Mühle
Sonnenblumenöl
4 Blatt glatte Petersilie zur Dekoration

Das Schweinefleisch kräftig mit Salz und Pfeffer würzen, am besten zwei Stunden vorher damit einreiben. Das Backrohr auf 180 °C vorheizen. Einen Bräter auf den Herd stellen und das Fleisch von allen Seiten in Sonnenblumenöl anbraten. Anschließend das Fleisch mit etwas Wasser übergießen und den Bräter in den vorgeheizten Backofen schieben. Ca. 1,5 Stunden offen schmoren, wobei man kontrollieren sollte, dass immer etwas Fleischsaft mit Wasser im Bräter steht.

Die Kartoffeln schälen, grob würfeln und in kaltem Wasser aufbewahren. Die Karotten ebenfalls schälen und in Stifte schneiden. Die Zwiebeln und den Knoblauch schälen und mittelfein würfeln. Alles zur Seite stellen.

Nach 1,5 Stunden Bratzeit die Kartoffeln aus dem Wasser nehmen, mit den Karotten, den Zwiebeln und dem Knoblauch mischen und mit Salz und Kümmel vermengen. Das Kartoffelgemüse um das Fleisch im Bräter herum verteilen und ca. eine Stunde unter mehrmaligem Wenden mitschmoren. Die Zucchini und den Sellerie in Würfel von zwei Zentimeter Kantenlänge schneiden und eine halbe Stunde später ebenfalls zum Braten dazugeben. Der Braten ist fertig, wenn beim Anstechen mit einer Fleischgabel kein Blut mehr herausläuft. Sollte das Gemüse vor dem Fleisch gar sein, kann man es separat herausnehmen und warm stellen. Vor dem Anrichten noch einmal kurz in den Bräter zurückgeben und wieder erwärmen.

Auf vorgewärmten Tellern anrichten und mit frischer Petersilie dekorieren.

spanferkelkarree mit bayrischkraut

Zubereitungszeit: 1,5 Std.

1 kg Spanferkelkarree
700–800 g Weißkraut
30 g Zucker
0,1 l Apfelessig
0,2 l Gemüsebrühe
Salz
10 g Kümmel
20 g Kartoffelstärke
2 EL Sonnenblumenöl

Das Weißkraut vom Strunk entfernen, in Blätter zerlegen. Die Blätter abbrausen. Anschließend übereinanderlegen und in Rauten von zwei bis drei Zentimeter Kantenlänge schneiden. Den Zucker in einem ausreichend großen Topf hellbraun karamellisieren lassen und anschließend mit dem Essig ablöschen. Die Gemüsebrühe dazugeben und das fest gewordene Karamell auflösen. Nach der Auflösung die Weißkrautrauten dazugeben. Mit Salz und Kümmel würzen, umrühren.

Den Topf mit einem Deckel verschließen, das Kraut unter mehrmaligem Rühren gar kochen. Wenn das Kraut bissfest ist, die Stärke in etwas kaltem Wasser anrühren und unter das Kraut mischen. Das bindet den Krautsaft und verleiht dem Bayrischkraut einen schönen Glanz. Nochmals mit Salz und eventuell Essig und Zucker abschmecken.

Das Spanferkelkarree zuputzen, das heißt die Knochen von allen Häuten und Sehnen befreien. Die Schwarte mit einem scharfen Messer einritzen. Mit Salz und Pfeffer von allen Seiten kräftig würzen. In einem Bräter Sonnenblumenöl stark erhitzen, das Fleisch auf der Krustenseite scharf anbraten, umdrehen und auch diese Seite anbraten. Anschließend das Karree im Bräter mit der Hautseite nach oben in das auf 180 °C Umluft vorgeheizte Backrohr auf die mittlere Schiene schieben. Ca. 30 Minuten braten, danach das Backrohr auf Oberhitze umstellen und die Haut des Spanferkelrückens nochmals ca. 15 Minuten knusprig bräunen.

Das warme Bayrischkraut auf der Mitte der Teller anrichten, das Karree in Scheiben schneiden und am Kraut anlegen, mit etwas gebundenem Bratensaft servieren.

Mein Tipp: Zum Einritzen von Schwarten können Sie auch ein scharfes, sauberes Teppichmesser verwenden.

Ein schönes Winteressen, vor allem wenn es draußen kalt ist und schneit.

GLÜHWEINBRATEN VOM
WITTELSBACHER WILDSCHWEIN

Zubereitungszeit: 2 Std.

1,2 kg Bratenfleisch
aus der Wildschweinkeule,
zerlegt, ohne Knochen
5 Pfefferkörner
Salz
3 Wacholderbeeren
3 Pimentkörner
1 Lorbeerblatt
1 Zweig Thymian
1 Zweig Rosmarin
2 Karotten
2 Zwiebeln
¼ Knollensellerie
0,5 l Glühwein
1–2 EL Sonnenblumenöl
2 EL Tomatenmark
2 EL Preiselbeeren
(nach Geschmack)
Salz
Pfeffer
20 g Kartoffelstärke

Pfeffer, Salz, Wacholder, Piment, Lorbeer, Thymian und Rosmarin im Mörser fein zermahlen. Damit den Wildschweinbraten einreiben. Karotten, Zwiebeln mit Schale und Sellerie grob zerkleinern. Das Fleisch in einem großen Bräter in etwas Öl rundherum anbraten, aus dem Topf nehmen.

Das gewürfelte Gemüse anrösten, dann mit dem Glühwein ablöschen. Etwas Tomatenmark dazugeben, wieder anrösten. Erneut mit Glühwein ablöschen, den Bodensatz im Topf abkratzen, mit dem restlichen Glühwein aufgießen. Das Fleisch wieder in den Glühwein-Gemüsefond einlegen. Bei milder Hitze zugedeckt etwa 1,5 bis zwei Stunden schmoren. Eine halbe Stunde vor Schluss je nach Geschmack noch ein bis zwei Esslöffel Preiselbeeren zugeben.

Das Fleisch herausnehmen und warm stellen. Die Soße mit Salz und Pfeffer abschmecken und dann mit angerührter Kartoffelstärke abbinden. Die Fleischstücke tranchieren und auf vorgewärmten Tellern anrichten. Mit der Soße übergießen.

Dazu serviert man Blaukraut, das man ebenfalls mit Glühwein abschmecken kann, und gebratene Semmelknödel.

Mein Tipp: Sie müssen den Glühwein für dieses Rezept nicht selbst herstellen. Sie können ohne Weiteres auch einen Bio-Glühwein, beispielsweise von der Weinkellerei Kunzmann, Dasing, verwenden.

Mein Koch Tobias päsentiert hier etwas ganz Besonderes!

TOBIS BLUTWURSTKUCHEN
MIT KÄFERBOHNENSALAT

Zubereitungszeit: ca. 2 Std.
Sehr aufwendig, muss am
Vortag zubereitet werden.

250 g getrocknete Käferbohnen
2 Zwiebeln
Apfelessig
Rapsöl
Salz und Pfeffer
1 Zweig Bohnenkraut
1 TL Zucker

300 g dicke Schweineschulter
70 g Schweinekamm
60 g Schweineblut
10 g Schweineleber
30 g Fleischbrühe

5 g Kochsalz
1 Messerspitze Pfeffer
1 Messerspitze Majoran
1 Messerspitze Thymian
1 Messerspitze gemahlene Nelke
1 Messerspitze Zimt
1 Zwiebel

200 g Sonnenblumenöl
etwas Mehl
etwas Paprikapulver

Die Käferbohnen am Vortag in lauwarmem Wasser einweichen. Am nächsten Tag die eingeweichten Bohnen in Wasser aufstellen und weich kochen (ca. 90 Minuten). Das Bohnenkraut und den Zucker zugeben, nach der Hälfte der Kochzeit dann das Salz. Die erste Zwiebel in feine Würfel schneiden. Die gekochten Käferbohnen in einer Schüssel mit der Zwiebel bestreuen, mit Essig und Rapsöl anmachen, mit Salz abschmecken. Die zweite Zwiebel in Ringe schneiden. Die Ringe in Mehl und Paprikapulver wenden, in heißem Sonnenblumenöl frittieren. Auf Küchenkrepp die frittierten Zwiebelringe abtropfen lassen.

Das schlachtfrische Fleisch in kochendes Salzwasser geben, mäßig weich kochen. In etwa zwei Zentimeter große Würfel schneiden. Die gekochte Schwarte mit groben Zwiebelwürfeln und der Fleischbrühe in einem Mixer fein pürieren. Die Schweineleber grob mit pürieren. Die Fleischwürfel mit den Gewürzen gut vermengen. Den Schwartenbrei hinzufügen, anschließend das frische Blut gut untermischen. Die Masse in einen Kunstdarm (Durchmesser vier bis fünf Zentimeter, erhältlich bei Ihrem Metzger) abfüllen. Auf beiden Seiten gut mit Metzgergarn zubinden. Die Blutwurst in siedendem Salzwasser ca. 45 Minuten sanft köcheln. Ab und zu umdrehen, damit sich das Fleisch gleichmäßig in der Masse verteilt. Nach dem Brühen in kaltem Wasser mindestens 15 Minuten abschrecken.

Sie können auch mehr von der Blutwurst herstellen, dann lohnt sich der Aufwand. Um die Blutwurst länger haltbar zu machen, lassen Sie sich die Wurst von Ihrem Metzger miträuchern.

Die Blutwurst in fünf Zentimeter dicke Scheiben schneiden, auf einen Teller stellen. Mit den frittierten Zwiebelringen und dem Käferbohnensalat anrichten. Mit etwas geschnittenem Schnittlauch dekorieren. Wer mag, kann dieses Gericht mit etwas süßem Weißwurstsenf servieren.

Mein Tipp: Denken Sie immer wieder an Ihre Aufschnittmaschine. Mit dieser lässt sich nicht nur Brot, sondern auch wunderbar eine Zwiebel in Ringe schneiden.

Rindfleischgerichte gehörten zu den Lieblingsspeisen von Kaiser Franz und Kaiserin Sisi. Das tierliebe Kaiserpaar hielt zu Hofe sogar eigene Rinder.

GESCHMORTE BACKEN vom WITTELSBACHER WEIDEOX

Zubereitungszeit: 2,5 Std.
Schmorzeit: ca. 3 Std.

1,3 kg Oxenbacken,
ergibt ca. 900 g kochfertige Backen
300 g Gemüsewürfel von Zwiebeln,
Sellerie, Karotten und Lauch
0,7 l Dornfelder
0,1 l Portwein
1 EL Tomatenmark
3 Lorbeerblätter
8 schwarze Pfefferkörner
3 Wacholderbeeren
1 Messerspitze Senf
1 EL Speisestärke (z. B. Mondamin)
Salz, Pfeffer

Mein Tipp:
Oxenbacken müssen Sie
beim Metzger vorbestellen.

Die Oxenbacken von allen Sehnen und Fettresten sorgfältig befreien. Vielleicht macht Ihnen das ja der Metzger Ihres Vertrauens. Die Backen in ca. 100 bis 120 Gramm schwere Stücke schneiden. Mit Salz und Pfeffer aus der Mühle würzen.

Das Fleisch in Sonnenblumenöl in einem schweren Topf von allen Seiten anbraten. Die Backen aus dem Topf nehmen, zur Seite stellen. Das Mirepoix (Gemüsewürfel von Zwiebeln, Sellerie, Karotten und Lauch) anbraten, bis es braun wird, das Tomatenmark dazugeben und mitrösten. Das Röstgemüse mit Dornfelder ablöschen, den Bodensatz abkratzen. Diesen Vorgang zweimal wiederholen. Dann den Rest des Dornfelders und das Wasser dazugeben.

Die Oxenbacken wieder in den Topf legen, sie sollen zu zwei Dritteln mit Flüssigkeit bedeckt sein. Die Gewürze Lorbeerblatt, Wacholder, Senf und Pfefferkörner dazugeben. Einen Deckel auf den Topf geben. Im vorgeheizten Backrohr bei 140 °C ca. vier bis fünf Stunden schmoren. Dabei die Backen im Topf drei bis vier Mal umdrehen. Die Backen sind gar, wenn sie beim Stich mit der Fleischgabel von dieser wieder leicht herunterfallen.

Die Backen aus der Soße nehmen, die Flüssigkeit durch ein Haarsieb in einen kleinen Topf passieren, etwas einreduzieren lassen, mit Salz und Portwein abschmecken. Die Speisestärke in kaltem Wasser glatt rühren, in die kochende Soße rühren, bis diese die gewünschte Konsistenz hat. Die Backen auf vorgewärmten Tellern anrichten, mit der Soße überziehen.

Dazu passen hervorragend Rahmwirsing, Schwarzwurzeln, Rosenkohl, Portweinschalotten oder grüne Bohnen und alle Arten von Knödeln, zum Beispiel Semmelknödel, Brezenknödel oder Serviettenknödel.

FILET VOM WITTELSBACHER WEIDEOX MIT BÄRLAUCHSPÄTZLE UND GEFÜLLTER FRÜHLINGSZWIEBEL

Zubereitungszeit: 1,5 Std.

4 Oxenfilets à 200 g
2 Knoblauchzehen
1 Zweig Rosmarin
Sonnenblumenöl
Salz
Pfeffer aus der Mühle

50 g Bärlauch
4 Eier
200 g Mehl
0,1 l Mineralwasser
Salz und Muskat
20 g Butter

4 große Frühlingszwiebeln
1 Zucchini
1 Karotte
1 Kohlrabi
50 g geriebener Bergkäse
20 g gehackte Petersilie

Das Oxenfilet in vier gleich große und gleich dicke Stücke schneiden. Das Filet mit Salz und schwarzem Pfeffer aus der Mühle kräftig würzen. Das Backrohr auf 130 °C vorheizen. Eine schwere Pfanne erhitzen, das Sonnenblumenöl dazugeben. Die Filets von allen Seiten anbraten, damit eine Kruste entsteht und sich die Poren schließen. Die Knoblauchzehen zerdrücken und mit dem Rosmarin zum Fleisch legen. Anschließend die Filets für zwölf bis 15 Minuten in das vorgeheizte Backrohr geben. Die Filets nach ca. sechs Minuten einmal wenden. Nach der vorgegebenen Zeit die Filets noch für ca. fünf Minuten mit den Gewürzen und dem ausgetretenen Saft in Alufolie einwickeln, damit das Oxenfleisch entspannen kann und nicht so viel Fleischsaft austritt.

Die Eier mit dem gewaschenen Bärlauch und dem Mineralwasser im Pokalmixer pürieren. Das Mehl dazugeben und zu einem festen Spätzleteig schlagen. Den Teig mit einem Spätzlehobel in kochendes Salzwasser geben und kochen. Die Spätzle in einer Pfanne kurz durch die Butter ziehen und mit etwas Salz abschmecken.

Die Frühlingszwiebeln putzen, die Böden abschneiden und vorsichtig aushöhlen. Dabei darauf achten, dass die Wurzelseite unten ist. Die restlichen Gemüse zu feinen Würfeln, Kantenlänge zwei Millimeter, schneiden. Mit dem Bergkäse und der gehackten Petersilie vermischen und mit Salz und Pfeffer abschmecken. Die Frühlingszwiebeln damit füllen und in Salzwasser in einem kleinen Topf zugedeckt gar kochen. Mit etwas Bergkäse bestreuen und im Backrohr kurz überbacken.

Das Filet mit der gefüllten Frühlingszwiebel und den Spätzle auf vorgewärmten Tellern anrichten.

Mein Tipp: Um die Kerntemperatur zu ermitteln, ist ein mechanischer Kerntemperaturfühler sehr sinnvoll. Auch sollten Sie Ihre Steaks immer im vorgeheizten Backrohr fertig garen. Die optimale Kerntemperatur und die entsprechende Ofentemperatur finden Sie auf der Seite Warenkunde für Fleisch. Damit gelingt das Fleisch immer perfekt.

Coq au vin (französisch: „Hahn an Wein") ist ein klassisches Geflügelgericht und gilt als eines der französischen Nationalgerichte. Mein Rezept ist die Wittelsbacher-Land-Variante hiervon.

coq au vin rouge vom
WITTELSBACHER BAUERNGOCKEL

Zubereitungszeit: 2,5 Std.
Marinierzeit: 3 Std.

1 ausgenommene Poularde à 1600 g
4 Karotten
1 kleine Zucchini
¼ Knollensellerie
1 Zweig frischer Thymian
2 Lorbeerblätter
4 Wacholderbeeren
3 Knoblauchzehen
3 EL Sonnenblumenöl
1 Flasche kräftiger Rotwein,
z. B. ein Dornfelder aus der Pfalz
Pfeffer aus der Mühle
1 EL Olivenöl
2 EL Tomatenmark, konzentriert
Zwiebelwürfel von
2 kleinen Zwiebeln
5–6 Champignons
100 g Speck, gewürfelt
Salz
1 Messerspitze Kartoffelstärke
20 g Butter
1 kl. Bund Petersilie

Hinweis:
Poularden sind junge Masthühner, die mit sieben bis zwölf Wochen, also noch vor ihrer Geschlechtsreife, geschlachtet werden. Sie wiegen zwischen 1200 und 2500 Gramm.

Die Poulardenbrüste vom Knochen lösen und halbieren. Die abgetrennten Hühnerkeulen genau im Gelenk halbieren (je nach Belieben mit oder ohne Haut). Die Karotten, die kleine Zucchini und den Sellerie in ein Zentimeter große Würfel schneiden. Die Gemüsewürfel bis zum nächsten Tag im Kühlschrank aufbewahren. Die Gemüsereste für die Marinade verwenden. Mit Thymian, Lorbeerblättern (einmal knicken), Wacholderbeeren, halbierten Knoblauchzehen, den Karottenresten, ein paar Selleriestücken, einem Esslöffel Sonnenblumenöl, etwas Pfeffer und Rotwein marinieren und für mindestens drei Stunden, am besten über Nacht, an einem kühlen Ort (nicht im Kühlschrank) abgedeckt ziehen lassen.

Das Hühnerfleisch aus der Marinade nehmen, trocken tupfen und mit Salz würzen. Etwas Olivenöl in einer heißen Pfanne erhitzen und das Huhn auf allen Seiten kurz anbraten. Nach dem Anbraten herausnehmen und auf einen Teller legen. In derselben Pfanne die Gemüsereste aus der Marinade samt Zwiebelschalen anrösten. Das Tomatenmark mitrösten, bis es eine dunkelbraune Farbe angenommen hat. Mit der Rotweinmarinade aufgießen, mit den Kräutern aufkochen lassen und den hellen Schaum immer wieder ablöffeln.

Die Hühnerteile dazugeben und ca. 20 Minuten schmoren lassen. Hühnerteile herausnehmen, die Rotweinsoße durch ein Sieb in einen sauberen Topf gießen. Die Champignons vierteln, kurz anbraten und dazugeben. Die geschälten, halbierten Knoblauchzehen, die Zwiebelwürfel und die Speckwürfel zur Soße geben und diese mit Salz und Pfeffer abschmecken. Die Soße vorsichtig mit in kaltem Wasser angerührter Kartoffelstärke abbinden. Die Hühnerteile wieder dazugeben und das Ganze nochmals ca. 15 bis 20 Minuten schmoren. Die Gemüsewürfel vom Vortag kurz in Salzwasser blanchieren, durch eine Pfanne mit 20 Gramm Butter ziehen und beim Anrichten um das Coq au vin verteilen.

Zum Anrichten mit frisch gehackter Petersilie bestreuen. Zum Coq au vin wird traditionell Weißbrot gereicht.

Mein Tipp: Das Hühnerfleisch zum Marinieren nicht salzen, da es sonst trocken wird. Salz entzieht dem Fleisch Wasser. Je länger das Huhn mariniert wird, desto saftiger und intensiver schmeckt es nach Rotwein und frischen Kräutern. Daher ist es sinnvoll, es bereits am Vortag zu marinieren und dabei kühl zu lagern.

GEFÜLLTE WACHTEL MIT ROMANESCO

Zubereitungszeit: 1 Std.

4 hohl ausgelöste Wachteln
2 EL Butterschmalz

Für die Füllung
½ Bund glatte Petersilie
1 kleine Zwiebel
100 g Geflügelleber
Sonnenblumenöl
5 cl roter Portwein
5–6 Scheiben Toastbrot
40 g Butter
1 Ei
1 Eigelb

Für die Soße
1 Karotte
¼ Sellerie
0,2 l Rotwein
1 TL Speisestärke
Salz
Pfeffer aus der Mühle

Beilage
1 Kopf Romanesco

Die Petersilie abbrausen, trocken schütteln und die Blätter von den Stielen zupfen. Die Zwiebel schälen und fein würfeln. Die Geflügelleber in kleine Stücke schneiden, mit der Zwiebel kurz in Sonnenblumenöl anbraten, mit Portwein ablöschen, die Petersilie dazugeben. Die Masse in eine Küchenmaschine geben und klein mixen.

Vom Toastbrot die Rinde entfernen und dann in Würfel schneiden. Die Butter in einer Pfanne schmelzen und die Brotwürfel darin hellbraun anrösten. Die gerösteten Brotwürfel mit dem Ei, dem Eigelb und der Geflügellebermasse vermengen, mit Salz und Pfeffer abschmecken, ca. 15 Minuten ziehen lassen.

Die Wachteln mit Salz und Pfeffer außen würzen. Die Füllung in die Wachteln geben und die Öffnung mit einem Zahnstocher verschließen.

Die Karotten schälen und grob würfeln, den Sellerie ebenso. Die Wachteln mit dem Gemüse und dem Butterschmalz in einen Brattopf geben. Mit 0,1 Liter Rotwein angießen und im vorgeheizten Backofen bei 180 °C auf der mittleren Schiene ca. 40 Minuten braten. Den Brattopf dabei offen lassen.

Die Wachteln aus dem Ofen nehmen und unter dem Grill warm stellen, damit die Haut außen noch ein bisschen kross wird.

Den Bratenfond durch ein feines Sieb gießen. Den restlichen Rotwein in den Bratenfond gießen und damit aufkochen. Die Speisestärke mit etwas Wasser glatt rühren, in die Soße einrühren und aufkochen, bis die richtige Konsistenz erreicht ist. Nochmals abschmecken.

Den Romanesco in Röschen zerlegen, in Salzwasser blanchieren und als Gemüsebeilage reichen. Dazu passt hervorragend Kartoffelgratin.

AFFINGER REHRÜCKEN
MIT BROTKRUSTE UND KÜRBISSPÄTZLE

Zubereitungszeiten:
Soße: 3 Std.
Rehrücken: 1,5 Std.
Kürbisspätzle: 45 Min.

Für die Soße
1 kg Rehknochen
3 EL Sonnenblumenöl
1 Karotte
$^1/_4$ Knollensellerie
2 Zwiebeln
1 TL Tomatenmark
0,1 l Rotwein
1,5 Liter Wildfond oder Wasser
Salz
7–8 Pfefferkörner
3 Pimentkörner
4 Wacholderbeeren
2 Lorbeerblätter
2 EL Preiselbeeren

Für den Rehrücken
800 g Rehrücken
ohne Haut und Sehnen
200 g Toastbrot (5–6 Scheiben)
20 g mittelscharfer Senf
20 g Butter

Für die Kürbisspätzle
300 g roher Hokkaidokürbis
ohne Kerngehäuse
3 Eier
160 g Mehl
Salz
Muskatnuss
1 EL Butter

Eine Soße aus Knochen:

Den Rehrücken von den Knochen lösen, von Haut und Sehnen befreien. Das ausgelöste Fleisch beiseitelegen. Die Rehknochen klein hacken, in Öl anrösten. Das Gemüse in Würfel schneiden. Erst Karotte, Sellerie und Zwiebeln dazugeben, etwas später Tomatenmark hinzufügen, anrösten. Mit Rotwein ablöschen, dann den Wildfond oder Wasser dazugeben. Pfefferkörner, Salz, Wacholder, Piment, Lorbeer und einen Esslöffel Preiselbeeren dazugeben. Das Ganze ca. eine Stunde kochen. Den Wildfond abpassieren und um die Hälfte einreduzieren. Je nach Geschmack noch mit Preiselbeeren und Salz abschmecken. Die Soße mit Mondamin abbinden, aufkochen, mit einem Kochlöffel kräftig durchrühren und eventuell ein zweites Mal abpassieren.

Rehrücken:

Den ausgelösten Rehrücken in vier gleich große Stücke schneiden, mit Salz und Pfeffer würzen und scharf von allen Seiten anbraten. Den Ofen vorheizen und die Rehrücken bei 90 °C im Ofen 45 Minuten braten.

Das Toastbrot von der Rinde befreien. In Würfel von zwei Millimeter Kantenlänge schneiden. Die Rehrückenstücke ganz dünn mit Senf einreiben. Die Toastbrotwürfel darüberstreuen und Butterflocken darauf verteilen. Kurz in den Grill stellen, bis die Brotwürfel eine schöne Farbe haben. Das Fleisch kurz warm stellen.

Kürbisspätzle:

Während das Fleisch im Ofen brät, können Sie die Kürbisspätzle herstellen. Der Hokkaidokürbis braucht nicht geschält zu werden. Schneiden Sie ihn in pflaumengroße Stücke und trocknen Sie diese im Backrohr bei 90 °C 30 Minuten lang. Die getrockneten Kürbisstücke in einem Mixer mit den Eiern pürieren. Die Eimasse mit dem Mehl zu einem festen Spätzleteig verkneten. Mit Salz und Muskatnuss würzen. Den Spätzleteig in sprudelndes Salzwasser hobeln. Die fertigen Spätzle zum Anrichten durch eine gebutterte Pfanne ziehen und nochmals abschmecken.

Die Rehrückenstücke einmal tranchieren und auf dem Soßenspiegel anrichten. Dazu passen auch Rosenkohl und Preiselbeeren.

Mein Tipp: Je nachdem, zu welchem Gericht Sie Soße aus Knochen kochen, verwenden Sie andere Gewürze, zum Beispiel für Lammsoße Knoblauch, Thymian und Rosmarin, für Schweinesoße Kümmel und Knoblauch.

FLEISCHPFLANZERL VOM WITTELSBACHER REH

Zubereitungszeit: 45 Min.

1 Semmel vom Vortag
600 g Rehhackfleisch
2–3 Eier
1 kleine Zwiebel
Petersilie
Salz
1 TL Preiselbeeren
1 Messerspitze Senf, mittelscharf
etwas Piment (falls vorhanden)
schwarzer Pfeffer aus der Mühle
2–3 EL Sonnenblumenöl

Die Semmel in Wasser einweichen und dann kräftig ausdrücken. Das Hackfleisch, die ausgedrückte Semmel und die Eier in eine Schüssel geben.

Die Zwiebel fein würfeln, in einer Pfanne anschwitzen und die gehackte Petersilie kurz dazugeben. Das Hackfleisch und die Petersilien-Zwiebel-Mischung mit Salz, Preiselbeeren, Senf, Piment und Pfeffer zu einer homogenen Masse verarbeiten.

Ein kleines Bällchen formen und zur Probe braten. So können Sie die Rehfleischpflanzerl abschmecken und bei Bedarf nachwürzen. Anschließend die Masse zu acht gleich großen Pflanzerln (Bällchen) formen und bei milder Hitze in Sonnenblumenöl gar braten.

Dazu passen knusprige Röstkartoffeln.

Mein Tipp: Nehmen Sie eine Pfeffermühle mit großer Öffnung und geben Sie die ganzen Körner der Gewürze Pfeffer, Wacholderbeere und Lorbeerblatt hinein. So können Sie elegant alles auf einmal mahlen.

Wenn Sie Pferdefleisch ablehnen, so können Sie für dieses Rezept ohne Weiteres auch Kalbsfilet verwenden.

FOHLENFILET MIT WEISSEM RISOTTO UND GRÜNEM SPARGEL

Zubereitungszeit: 1 Std.

4 Fohlenfilets à 180 g
(beim Pferdemetzger vorbestellen),
alternativ 4 Kalbsfilets
Sonnenblumenöl
2 Schalotten
3 EL Olivenöl
250 g Risottoreis der Reissorten
Vialone, Arborio oder Carnaroli
0,5 l Gemüsebrühe
(ersatzweise können Sie auch Bio-
Instantbrühe verwenden)
0,1 l Weißwein
1 Thymianzweig
20 g Butter
80 g geriebener Parmesan
12 Stangen grüner Spargel

Die Fohlenfilets mit Salz und Pfeffer würzen. Das Backrohr auf 160 °C vorheizen. In einer schweren Pfanne Sonnenblumenöl erhitzen, das Fleisch von allen Seiten anbraten. Anschließend die Filets samt Pfanne für ca. 15 Minuten ins Backrohr schieben. Die Filets nun herausnehmen und für fünf Minuten in Alufolie einpacken, damit sich das Fleisch entspannen kann.

Die Schalotten schälen und in feine Würfel schneiden. Einen großen flachen Topf mild erhitzen, das Olivenöl dazugeben. Die Schalottenwürfel darin glasig dünsten, den Risottoreis anschließend ebenfalls anschwitzen. Die Hälfte der Gemüsebrühe angießen, umrühren. Leicht köcheln, immer wieder umrühren und etwas Gemüsebrühe dazugeben. Nach ca. 15 Minuten den Weißwein und den Thymian dazugeben. Nach ca. 20 Minuten ist das Risotto fertig. (Der Reis sollte innen noch einen kleinen bissfesten Kern haben.) Vor dem Anrichten den Thymianzweig entfernen und die Butter sowie den geriebenen Parmesan dazugeben und unterrühren.

Vom grünen Spargel die Anschnitte abschneiden und an den Enden eventuell etwas schälen, in Salzwasser blanchieren. Wenn er gar ist, die Spitzen ca. acht Zentimeter lang abschneiden und warm stellen. Den Rest in zwei Zentimeter lange Stücke schneiden. Die kurzen Stücke unter das Risotto rühren, die Spargelspitzen zum Schluss zur Deko verwenden.

Das Fohlenfilet auf das Risotto setzen. Fertig.

Mein Tipp: Pferdefleisch bekommen Sie im Wittelsbacher Land bei Kaspar Wörle in Allenberg bei Schiltberg, Tel. 0 82 59/13 79.

geschmorte, gefüllte
Lammschulter

Zubereitungszeit: 2 Std.
Schmorzeit: ca. 80 Min.

1 Lammschulter mit Knochen,
ca. 1,5 kg
4 Knoblauchzehen
3 Rosmarinzweige
4 EL Olivenöl
2 Karotten
1 grüne und 1 gelbe Zucchini
2 Zwiebeln
10 g Tomatenmark
2 Lorbeerblätter
0,2 l Rotwein
Salz
Pfeffer

Die Lammschulter auslösen. Dies können Sie auch vom Metzger Ihres Vertrauens machen lassen, weil es sehr mühsam ist. Die dickere Fleischhälfte waagerecht einschneiden, dann lässt sie sich aufklappen. Die Knochen und Fleischabschnitte aufheben. Die Knoblauchzehen fein hacken. Die Nadeln von den Rosmarinzweigen abzupfen und fein hacken. Die Lammschulter mit einem Esslöffel Olivenöl, dem fein gehackten Rosmarin und Knoblauch gleichmäßig bestreichen und 30 Minuten bei Zimmertemperatur einziehen lassen.

Inzwischen die Karotte schälen, die Zucchini waschen. Die Karotte in lange Stifte schneiden, die Zucchini ebenfalls. Dann das Fleisch kräftig mit Salz und Pfeffer würzen. Die Lammschulter damit belegen und zu einer Roulade aufrollen. Diese mit Küchengarn fest zusammenbinden. Eventuell übrig gebliebenes Gemüse beiseitestellen.

Die Zwiebeln und die restlichen beiden Knoblauchzehen schälen, grob hacken. Drei Esslöffel Olivenöl in einem flachen Topf erhitzen, Lammknochen und Lammabschnitte darin bei starker Hitze ca. 15 Minuten anbraten, dabei immer wieder umrühren. Zwiebeln, Knoblauch, Tomatenmark und das übrig gebliebene Gemüse dazugeben und ca. 15 Minuten weiterbraten, Hitze ein wenig reduzieren. Die Lorbeerblätter und den restlichen Rosmarin hinzufügen, mit Rotwein ablöschen und auf die Hälfte einkochen. Den entstandenen Lammfond mit 0,2 Liter Wasser aufgießen, noch einmal aufkochen. Alles in eine Bratreine umfüllen.

Das Backrohr auf 160 °C ohne Umluft vorheizen. Restliches Öl in einer großen Pfanne erhitzen, die Roulade darin bei mittlerer Hitze fünf Minuten von allen Seiten anbraten, herausnehmen und mittig in die Bratreine auf den Fond legen. Das Fleisch in der Pfanne auf der mittleren Schiene etwa 80 Minuten garen, dabei ab und zu mit dem Lammfond begießen. Die Bratreine aus dem Ofen nehmen, den Braten in Alufolie wickeln. Das Backrohr ausschalten und das Fleisch in der Alufolie bei angelehnter Ofentüre ruhen lassen. Die Schmorflüssigkeit durch ein Passiertuch in einen Topf gießen, entfetten und auf etwa die Hälfte einkochen. Eventuell etwas nachsalzen.

Die Lammroulade aus der Folie nehmen, das Küchengarn entfernen und die Roulade in zwei Zentimeter dicke Scheiben schneiden. Mit einer Beilage Ihrer Wahl, z. B. Gnocchi, Rosmarinkartoffeln oder Zucchinigemüse, und der Soße auf vorgewärmten Tellern anrichten und servieren.

Lammrücken mit Kräuterkruste und Gemüsespieß

Zubereitungszeit: 1,5 Std.

1 Lammrücken mit Knochen,
ca. 1,2 kg
2 Karotten
¼ Knollensellerie
2 Zwiebeln
100 g Lauch
0,1 l Sonnenblumenöl
1 EL Tomatenmark
0,2 l Rotwein
8 Thymianzweige
7 Rosmarinzweige
1 Bund krause Petersilie
10 Blätter Salbei
2 Scheiben Toastbrot
3 Knoblauchzehen
70 ml Olivenöl
Salz, Pfeffer
2 TL Kartoffelstärke
1 gelbe und 1 grüne Zucchini
1 rote Zwiebel
8 Kirschtomaten

Die großen Filets vom Lammrücken auslösen und von der Haut befreien. Die kleinen Filets von der Unterseite ebenfalls auslösen. Die Knochen in kirschgroße Stücke hacken. Das Gemüse schälen bzw. putzen und in grobe Würfel schneiden. Das Öl erhitzen und die Knochen darin rundherum gut anrösten. Das Gemüse dazugeben und mitrösten. Tomatenmark dazugeben, mit Rotwein ablöschen und etwas einkochen lassen. Die abgetrennten Parüren des Lammrückens ebenfalls in den Soßenansatz geben. Mit so viel kaltem Wasser auffüllen, dass die Knochen gerade bedeckt sind, und ca. 40 Minuten leise köcheln lassen.

Von fünf Thymianzweigen, zwei Rosmarinzweigen, krauser Petersilie und Salbei die Blätter von den Stielen zupfen und fein hacken. Das Toastbrot entrinden und fein zwischen den Händen zerbröseln. Eine Knoblauchzehe schälen und fein hacken. Alle Kräuter mit 40 ml Olivenöl und dem Toastbrot im Mörser zu einer Paste verarbeiten. Die Kräuterkruste mit Salz und Pfeffer abschmecken.

Das restliche Olivenöl in einer Pfanne erhitzen. Die Lammrückenfilets einmal halbieren, so dass es vier Fleischstücke ergibt. Mit Salz und Pfeffer würzen. Mit drei Thymianzweigen und einem Rosmarinzweig und den zwei übrigen, leicht zerdrückten Knoblauchzehen von beiden Seiten kurz anbraten. Aus der Pfanne nehmen und auf einen Teller legen.
Das Lammfleisch mit der Kräuterpaste bestreichen, gut andrücken. Die Filets mit der Kräuterkruste nach oben wieder in die Pfanne legen und im vorgeheizten Backofen auf der mittleren Einschubschiene bei 150 °C ohne Umluft zehn bis zwölf Minuten garen. Den Lammfond durch ein Sieb gießen, falls notwendig entfetten und ungefähr fünf Minuten einreduzieren. Die Kartoffelstärke mit kaltem Wasser anrühren und die Soße damit abbinden. Mit Salz und Pfeffer aus der Mühle abschmecken.

Vier Rosmarinzweige von den Nadeln entfernen, am Ende etwas Grün belassen. Je eine Kirschtomate, rote Zwiebelstücke, grüne und gelbe Zucchiniwürfel abwechselnd auf den Zweig spießen. Die Gemüsespieße mit Salz und Pfeffer würzen, mit Olivenöl beträufeln und ca. 15 Minuten im Backrohr mitgaren. Zum Anrichten den Lammrücken in vier gleich große Stücke tranchieren, je einen Gemüsespieß dazulegen und mit der Soße beträufeln. Dazu reichen Sie Rosmarinkartoffeln.

Gebackenes Lammzüngerl mit Rote-Bete-Kartoffel-Lasagne

Zubereitungszeit: 1,5 Std.

2 Lammzüngerl
0,5 l Weißwein
0,5 l Wasser
10 g Salz
1 Karotte
¼ Sellerie
2 Wacholderbeeren, zerdrückt
1 Knoblauchzehe, zerdrückt
Thymian
1 Lorbeerblatt
1 Nelke
Mehl
1 Ei
Semmelbrösel
0,3 l Sonnenblumenöl

Rote-Bete-Kartoffel-Lasagne
1 mittelgroße Rote Bete
2 Kartoffeln
Salz
5 cl Essig
5 g Kümmel
10 g Butter
4 Zweige Thymian zum Dekorieren

Den Weißwein, das Wasser und das Salz aufkochen. Die Lammzüngerl, das Gemüse und die Gewürze beigeben. Aufkochen lassen und bei mittlerer Hitze bissfest kochen.

Nach ca. 35 bis 40 Minuten sind die Züngerl gar. Danach die Lammzungen im kalten Wasser abschrecken und schälen.

Die geschälten Züngerl der Länge nach in Scheiben von drei Millimeter Stärke schneiden, am besten geht das mit der Aufschnittmaschine. Die Züngerl mit Salz und Pfeffer würzen und mit Mehl, Ei und Semmelbrösel panieren. Eine Pfanne mit dem Sonnenblumenöl erhitzen und die Lammzüngerl darin goldgelb ausbacken.

Wasser mit Salz, Essig und Kümmel ansetzen. Rote Bete mit dem Wasser bedecken und darin gar kochen. Die Kartoffeln in einem anderen Topf mit Salz-Kümmel-Wasser bedecken und ebenfalls gar kochen. Rote Bete und Kartoffeln abkühlen lassen und in jeweils drei Millimeter dicke Scheiben schneiden. Mit einem Ausstecher von ca. drei Zentimetern Durchmesser Kreise ausstechen und diese anschließend vorsichtig in der Butter erwärmen. Mit Salz würzen und zu einer Lasagne aufeinanderschichten.

Die Lasagnetürmchen zusammen mit den gebackenen Lammzüngerln anrichten. Mit einem frischen Thymianzweig dekorieren.

Mein Tipp: Sie müssen die Haut des Züngerls immer in heißem Zustand entfernen, da sie sich kalt nur sehr schwer ablösen lässt.

Ich liebe dieses Rezept, weil alles vom Kaninchen dafür verwendet wird.

ALLerLei vom
KISSINGer KANINCHEN

Zubereitungszeit: 3 Std.

1 ganzes Kaninchen ergibt:

1 Kaninchenrücken

2 Kaninchenkeulen

2 Kaninchenschultern

1 Kaninchenleber

2 Kaninchennieren

2 Kaninchenfilets

Petersilie

Thymian

200 g Ladenbräts vom Metzger

2 Blätter Wirsing

20 g Butter

5 g Dosenmilch

Salz

Pfeffer aus der Mühle

2 Karotten

1 Kohlrabi

¼ Sellerie

2 Knoblauchzehen

1 Zwiebel

1 TL Tomatenmark

2 cl Portwein

0,1 l Weißwein

Mehlbutter
(30 g Mehl und 30 g Butter)

Mein Tipp:
Ein paar Tropfen Dosenmilch
auf der Alufolie verstreichen.
Das gibt dem Fleisch
eine schöne Farbe.

Aus dem ausgelösten Kaninchenrücken wird eine Roulade hergestellt. Den Kaninchenrücken vorsichtig auslösen, so dass der Rücken nicht auseinanderfällt. Frischhaltefolie auflegen und das Fleisch mit der flachen Seite des Fleischklopfers leicht flach klopfen. Die Folie entfernen. Mit Salz und Pfeffer würzen. Die Wirsingblätter blanchieren, trocken tupfen. Den Kaninchenrücken mit einem Teil des Ladenbräts dünn bestreichen. Die Wirsingblätter darauflegen, wieder dünn mit Brät bestreichen. Die Kaninchenfilets und die enthäuteten, halbierten Nieren in der Mitte des Rückens der Länge nach hineinlegen. Das Ganze mit dem restlichen Brät bestreichen. Anschließend einrollen. Aus Alufolie zwei Blatt in DIN-A4-Größe ausschneiden, übereinanderlegen. Das obere Blatt mit flüssiger Butter bestreichen und mit Salz und Pfeffer würzen. Die Kaninchenroulade fest darin einwickeln und in siedendem Salzwasser ca. 40 Minuten pochieren.

Die Kaninchenkeulen auslösen. Innen und außen mit Salz und Pfeffer würzen. Mit Knoblauch, Thymian und Petersilie füllen. In einem Topf anbraten, die Kaninchenschultern ebenfalls würzen und mit anbraten. Die Kaninchenteile aus dem Topf nehmen. Die restlichen Kaninchenknochen anbraten. Gemüsewürfel von Karotte, Sellerie und Zwiebel mit anrösten. Wenn alles hellbraun geröstet ist, einen Teelöffel Tomatenmark dazugeben. Weiterrösten. Mit Weißwein ablöschen. Anschließend etwas Wasser und Thymian dazugeben. Die Kaninchenkeulen wieder einlegen und ebenfalls ca. 40 Minuten schmoren. Die Kaninchenschultern zehn Minuten später dazugeben und ca. 30 Minuten schmoren.

Die Kaninchenteile (Keule und Schulter) aus der Soße nehmen und im Backrohr bei ca. 120 °C warm stellen. Die Kaninchenroulade eingepackt lassen und ebenfalls warm stellen. Die Soße durch ein Sieb passieren, in einem Topf etwas einreduzieren und mit Portwein, Salz und Pfeffer abschmecken. Karotte, Sellerie und Kohlrabi in ein Zentimeter große Würfel schneiden. In der Soße ca. zehn Minuten mitkochen. Mit Mehlbutter leicht abbinden. Die Kaninchenleber halbieren und anbraten, mit etwas Soße angießen, salzen und pfeffern. Auf jedem der vier vorgewärmten Teller je nach Geschmack Nudeln oder Salzkartoffeln anrichten, die Gemüsewürfel und die Soße dazu, die Roulade auspacken und in vier Scheiben schneiden, ebenfalls mit anrichten. Die Kaninchenkeulen und -schultern ebenfalls halbieren und anrichten. Zum Schluss die gebratene Kaninchenleber auf die Teller verteilen. Servieren.

FISCH

Frischer Fisch

Nährwert, Inhaltsstoffe, Wirkung
Fisch ist fett- und kalorienarm, leicht verdaulich und hat einen hohen Anteil an ungesättigten Fettsäuren. Er ist reich an Jod und enthält die fettlöslichen Vitamine A und D. Außerdem enthält er Natrium, Kalium und Kalzium. Darum eignet er sich hervorragend für Diätkost.

Fisch kaufen
Wenn Sie Fisch kaufen, sollten Sie immer ganze Fische erwerben. Denn dann sieht man noch, ob die Augen klar und glänzend sind. Die Kiemen sollten hellrot sein. Frischer Fisch riecht nicht „fischig".

Bei Saibling und Forelle ist die Schleimschicht noch vorhanden. Ein zuverlässiger Fischzüchter oder Händler vor Ort ist wichtig. Beim Einkauf sollte man versuchen, Näheres über die Herkunft des Fisches zu erfahren, damit man entscheiden kann, wie lange er noch aufbewahrt werden darf.

Fisch aufbewahren
Die Haltbarkeit hängt von der jeweiligen Art und Qualität des Fisches ab. Richtig behandelter Fisch hält sich unter idealen Voraussetzungen bis zu fünf Tagen. Die Qualität bleibt nur bei der richtigen Lagertemperatur erhalten. Fisch verdirbt bei 4 °C, das ist die normale Temperatur im Kühlschrank, doppelt so schnell wie bei 0 °C, der idealen Temperatur zum Aufbewahren von frischem Fisch.

Ganze Fische halten sich länger, wenn sie ausgenommen sind, denn die Enzyme im Magen, die den Fisch rascher verderben lassen, sind dadurch nicht mehr vorhanden. Fisch, der zu Hause im Kühlschrank aufbewahrt wird, sollte fest in Klarsichtfolie eingewickelt werden. Anschließend mit Eis bedecken. Das geschmolzene Eis muss jedoch abtropfen können. Portionierter und filetierter Fisch sollte nicht direkt mit dem Eis in Berührung kommen, da sonst das Fischfleisch auslaugt und sich verfärbt.

Saison
Das ganze Jahr

FLUSSKREBSE

Flusskrebse sind heutzutage leider eine Rarität, da sie unter der Qualität unserer Seen gelitten haben. Deshalb sind sie nicht ganz billig. Aber langsam erholt sich die Population wieder. Ein Hinweis darauf, dass unsere Gewässer wieder sauberer werden.

Flusskrebse bevölkern die Süßwasserlandschaften praktisch aller Länder. Zu den bei uns lebenden, bekanntesten Arten gehören unter anderem der Edel- oder Solokrebs und der Galizier- oder Sumpfkrebs. Flusskrebse leben am Grund von möglichst klaren, sauberen, nicht zu tiefen Gewässern, teils in Höhlen oder selbst gegrabenen Vertiefungen.

Sie ernähren sich vor allem von Kleintieren und Wasserpflanzen. Dabei bewegen sie sich durch Schwimmen, Klettern, Schreiten oder Wühlen im lockeren Gewässerboden fort. Einmal verlorene Gliedmaßen wachsen bei einer der nächsten häufigen Häutungen schnell wieder nach.

Geerntet werden nur männliche Krebse, die zwischen 120 und 150 Gramm wiegen. Bis die Tiere diese Größe erreicht haben, dauert es etwa sechs Jahre.

Flusskrebse kaufen

Sie dürfen nur lebendige Flusskrebse kaufen. Tote Tiere dürfen nicht mehr verwendet werden, da sich ihr Körpereiweiß, wie bei allen anderen Krustentieren auch, sehr schnell zersetzt. Das heißt, beim Kochen würde Ihnen nur ein nicht verwendbarer Fleischbrei übrig bleiben.

Flusskrebse aufbewahren

Eigentlich müssen Sie Flusskrebse am selben Tag verarbeiten. Zur Not können Sie lebendige Flusskrebse in einer Plastikkiste zwischen zwei sehr feuchten Tüchern ein bis zwei Tage im Kühlschrank aufbewahren. Die Kiste muss aber verschlossen sein, denn Flusskrebse sind ungeheuer neugierig und krabbeln sonst durch Ihren Kühlschrank. Ohne Feuchtigkeit vertrocknen Flusskrebse innerhalb von zwölf Stunden.

Saison

Die Fangsaison für Flusskrebse beginnt im Juni und dauert bis Ende Oktober.

forellenzucht endhart

Forellenzüchter Armin Endhart, dessen Lieblingsspeise Forelle Müllerinart ist, wollte endlich raus aus der Fabrik, weg vom Schraubstock. Eines Tages kündigte er einfach seinen Job und wagte sich an das Abenteuer der Fischzucht. Er hat klein angefangen, erzählt er lächelnd, in der Garage seines Vaters. Wenn man heute zu Vroni und Armin Endhart auf den Hof kommt, ist davon nichts mehr zu spüren, stark gewachsen ist die Größe des Betriebes. Sogar Weiher an anderen Orten mussten zugepachtet werden, weil der Platz auf dem idyllischen Grundstück in Dickelsmoor nicht mehr ausreichen wollte.

Das ist auch kein Wunder bei der steigenden Nachfrage nach gutem regionalen und fangfrischem Fisch. Ungefähr fünfzig Tonnen Fisch werden pro Jahr direkt an den Endverbraucher verkauft. Um diese Menge zu produzieren, muss man das Doppelte an Fischen im Bestand pflegen, brauchen sie doch zwei Jahre, bis sie zur Schlachtreife heranwachsen.

Nicht nur das erschwert dem engagierten Fischzüchter die Arbeit, sondern auch eine mögliche Dezimierung durch Reiher und Kormorane. Armin Endhart beobachtet dies sehr wachsam und minimiert die Risiken durch großen persönlichen Einsatz.

In den Becken tummeln sich Forellen, Bachsaiblinge, Zander und Karpfen. Auch ein Schaubecken, in dem sich Prachtexemplare zeigen, kann man bequem vom Keller des Hauses aus bestaunen.

Armin Endhart hält seinen Anspruch, den Fisch jeden Tag fangfrisch in seine Theke zu bringen, für selbstverständlich. Die eigene Räucherkammer ist für die Haltbarmachung und Geschmacksveredelung nicht wegzudenken. Die junge Familie verkauft regelmäßig auf den Wochenmärkten in Meitingen, Hochzoll, Bobingen und Neusäß sowie im eigenen Laden. Für Endverbraucher wird auf Wunsch auch filetiert oder Meeresfisch bestellt. An Samstagen gibt es gegrillten Fisch im Garten, von der Züchterfamilie persönlich zubereitet. Die Grillparty hat sich mittlerweile als beliebter Treffpunkt für Fischliebhaber etabliert.

Dienstags gibt es nur Forellen und Karpfen grün, Sonntag, Montag und an Feiertagen ist Ruhetag. Geöffnet ist die Forellenzucht sonst täglich von 8.00 bis 18.30 Uhr, Dienstag und Samstag von 8.00 bis 15.00 Uhr.

Forellenzucht Armin Endhart
Affinger Weg 26
86316 Derching
Tel. 08 21/70 17 87
info@forellenzucht-endhart.de

Flusskrebse sind heutzutage leider eine Rarität. Deshalb sind sie nicht ganz billig.
So langsam erholt sich die Population dank einiger Züchter aber wieder.

FLUSSKREBSSÜLZE
MIT GARTENSALATEN

Zubereitungszeit: 1,5 Std.
Kühlzeit: 12 Std.
Ergibt 6 Portionen

20 lebende Flusskrebse,
als Alternative nehmen Sie
Flusskrebse in Lake

Gemüse für die Sülze:
1 Karotte, 1 kleiner Kohlrabi,
¼ Sellerie, 1 Zucchini

Gemüse für das Wasser:
1 Karotte, 1 Knollensellerie,
1 Zwiebel
1 Knoblauchzehe
0,5 l abgeschmeckter Fischfond
10 g Tomatenmark
12 Blatt Gelatine
ca. 3–4 Liter Wasser
0,3 l trockener Weißwein
1 Thymianzweig
1 Estragonzweig
1 unbehandelte Zitrone
Salz
Pfeffer aus der Mühle

Karotte, Kohlrabi, Sellerie und Zucchini in Würfel von 0,5 Zentimeter Kantenlänge schneiden. Das Gemüse separat blanchieren und abschrecken. Das restliche Gemüse für das Wasser, in dem die Krebse gekocht werden, aufbewahren. Den Fischfond erhitzen. Das Tomatenmark in den Fond kochen. Etwas abkühlen lassen. Die Gelatine in kaltem Wasser einweichen, ausdrücken und im ca. 70 °C heißen Fischfond unter Rühren auflösen.

Wasser in einem sehr großen Topf (ca. fünf Liter) erhitzen. Das Wasser kräftig mit Salz würzen. Folgende Gemüse dazugeben: zuerst grobe Würfel von Karotte, Sellerie, Zwiebel und eine angedrückte Knoblauchzehe, etwas später den Thymian, den Estragonzweig und die in Scheiben geschnittene Zitrone. Das Wasser ca. zehn Minuten köcheln lassen, dann den Weißwein dazugeben.

Die Flusskrebse in den Topf bei sprudelndem Wasser mit dem Kopf voraus hineingeben, die Herdplatte ausschalten und die Krebse 15 Minuten gar ziehen lassen. Die Flusskrebse aus dem Sud nehmen, etwas abkühlen lassen und die Flusskrebsschwänze vorsichtig ausbrechen. Die Flusskrebse etwas klein schneiden, mit dem blanchierten Gemüse vermischen.

Sechs Tassen oder Förmchen mit etwas Fischfond ausgießen. Dann die Gemüse-Krebs-Mischung mit Salz und Pfeffer aus der Mühle abschmecken, in die Förmchen füllen und mit dem Fischfond aufgießen. Die Sülze muss mindestens zwölf Stunden gekühlt werden, bevor sie serviert werden kann. Zum Servieren die Tassen kurz in warmes Wasser stellen, dann vorsichtig stürzen und mit Salat oder Gemüse garnieren.

Mein Tipp: Die Flusskrebskarkassen nicht wegschmeißen, sondern für Fond- oder Suppenansatz weiterverwenden. Sie können aber auch bei Forellenzüchter Endhart tollen Fischfond fertig kaufen.

Tatar muss wie Sushi von frischestem Fisch hergestellt werden. Deshalb verwende ich dazu Saibling von heimischen Fischzuchten. Hier erhält man die bestmögliche Frische, da die Tiere am Tag der Bestellung gefangen werden.

TaTar vom Derchinger Saibling mit Gurken-DILL-Salat

Zubereitungszeit: 45 Min.

2 ganze Bachsaiblinge à 300 g oder
4 Bachsaiblingsfilets
2 Schalotten oder
1 kleine weiße Zwiebel
1 Zitrone
Salz
weißer Pfeffer aus der Mühle
etwas Olivenöl
etwas weißer Balsamicoessig

1 Salatgurke
etwas Zucker
0,1 l süße Sahne
etwas Sonnenblumenöl
1 Zweig frischer Dill

Die Fische werden vom Kopf weg filetiert und die Gräten einfach mit einem scharfen Messer herausgeschnitten. Dann die Fischfilets in feine Würfel schneiden. Feine Schalottenwürfel dazugeben. Das Ganze mit Zitronensaft, Salz, Pfeffer, Olivenöl und Balsamicoessig würzen und gut mit dem Messer vermengen. Kurz ruhen lassen. Dann fertig abschmecken.

Die Gurke schälen und anschließend mit dem Schäler das Gurkenfleisch bis zum Kerngehäuse in Streifen weiter abschälen. Die Gurkenstreifen leicht salzen und kurz stehen lassen. Die Gurke dann auspressen und mit Salz, Zucker, Sahne, Balsamicoessig und Sonnenblumenöl als Salat anmachen. Den Gurkensalat mit gehacktem Dill mischen und anrichten.

Den Tatar in die Form von Fleischpflanzerln bringen und ebenfalls auf dem Teller anrichten. Sie können einige Streifen des Gurkensalats zu einer Spirale aufrollen und als Dekoration neben dem Tatar platzieren. Darauf ein Dillsträußchen gesteckt – fertig.

Mein Tipp: Kochen Sie aus den Fischgräten einen Fischfond und daraus eine Fischsoße. Das Rezept dazu finden Sie auf der übernächsten Seite.

MIT HIBISKUS und Rosen GEBEIZTES Lachsforellenfilet

Zubereitungszeit: 30 Min.
Marinierzeit: 6 Std.
1 Tag vor dem Verzehr zubereiten

Die Fische werden vom Kopf weg filetiert und die Gräten einfach mit einer Pinzette herausgezogen. Ergibt zwei Fischfilets mit ca. 300 Gramm. Die Fischfilets nicht häuten.

1 Lachsforelle, ca. 1 kg
50 g Salz
20 g getrocknete Hibiskusblüten
10 g getrocknete Rosenblüten (Bio)
5 g geriebene Zitronenschale
0,1 l Rapsöl
50 g Zucker

Das Salz, die Hibiskusblüten, die Rosenblüten, die Zitronenschale, das Rapsöl und den Zucker in eine Schüssel geben und mit einem Stabmixer kurz vermischen.

Die Fischfilets auf der Hautseite in eine Schale legen und mit der Salzmischung sorgfältig bedecken. Mit Frischhaltefolie abdecken und ca. sechs Stunden im Kühlschrank durchziehen lassen.

Danach die Salzmischung von den Fischfilets vorsichtig mit einem Löffel abkratzen. Sie können die Fischfilets in Frischhaltefolie einwickeln und bis zum Servieren in den Kühlschrank legen.

Zum Servieren die Fischfilets in feine Scheiben schneiden. Dazu passen gut frischer, knackiger Salat und eine Senf-Dill-Honig-Mayonnaise.

SENF-DILL-HONIG-Mayonnaise

Zubereitungszeit: 5 Min.

Mayonnaise, Senf und Honig mit dem frisch gehackten Dill verrühren. Mit etwas Zitronensaft nach eigenem Geschmack abschmecken.

50 g Mayonnaise
1 Messerspitze Senf
½ TL Dill
1 Messerspitze Honig
Salz
Zitrone

Mein Tipp: Diese Mayonnaise passt zu allen gebeizten Fischgerichten, aber auch zu geräuchertem Fischfilet.

RAHMSUPPE VON RÄUCHERFISCHEN MIT FORELLENBROT

Zubereitungszeit: 1 Std.

4 geräucherte Forellenfilets
1 kleine Zwiebel
0,5 l Fischfond
Sonnenblumenöl
Salz
2 cl Noilly Prat
4 Scheiben Toastbrot
0,2 l Sahne
1 Zweig Dill

Die Zwiebel in feine Würfel schneiden. In einem Topf etwas Sonnenblumenöl erhitzen, die Zwiebelwürfel darin anschwitzen. Mit dem Fischfond aufgießen. Die Forellenfilets enthäuten, eines davon beiseitestellen. Drei Filets in Stücke brechen, mit dem Fischfond ca. zehn Minuten kochen. In einem Pokalmixer ganz fein pürieren. Wieder in einen Topf geben, aufkochen, mit der Sahne verfeinern und mit Salz und eventuell Noilly Prat abschmecken.

Die Toastscheiben rösten. Das verbliebene Forellenfilet mit etwas Sahne in einer Schüssel mit einer Gabel zu einem Püree zerdrücken. Mit Salz, Pfeffer und wenig klein geschnittenem Dill abschmecken. Mit dem Forellenpüree und den Toastscheiben ein Sandwich herstellen. Die beiden Sandwiche in vier gleich große Stücke zerteilen.

Beim Anrichten die Suppe in vier vorgewärmte Teller geben und in jede Suppe zwei Stück Forellenbrot legen. Mit Dill dekorieren.

DAS KLASSISCHE REZEPT FÜR FISCHFOND

Zubereitungszeit: 30 Min.

1 kg Fischgräten von
frischen Fischen
1 l Wasser
1 Zwiebel
1 Knoblauchzehe
1 Zweig (Zitronen-)Thymian
1 Zweig Petersilie
4–5 Pfefferkörner
0,1 l Noilly Prat
0,2 l Weißwein
6 Körner Meersalz

Die Gräten unter fließendem Wasser abwaschen. Alle Zutaten in einen ausreichend großen Topf geben. Mit kaltem Wasser bedecken.

Wenn der Fond zu köcheln beginnt, noch 20 Minuten weiter kochen lassen. Nicht länger, denn sonst wird der Fischfond leimig, weil sich die feinen Gräten auflösen. Danach den Fond durch ein feines Sieb gießen. Dieser Fischfond ist die Basis für alle Arten von Fischsoßen.

Mein Tipp: Den Fond, der ja nichts anderes ist als geschmackvolles Wasser, können Sie gut einfrieren. Wenn Sie einen Eiswürfelbehälter umfunktionieren, lässt sich der Fond später gut portionieren.

STRUDEL VON DER LACHSFORELLE MIT ZWEIERLEI SESAM UND FORELLENKAVIAR

Zubereitungszeit: 1 Std.

1 Lachsforelle, ca. 1 kg, oder
4 größere Bachsaiblingsfilets
Salz
weißer Pfeffer aus der Mühle
frischer Dill
0,1 l süße Sahne
1 Zitrone
Olivenöl
4 Blatt Filo- oder Strudelteig
1 Eigelb
schwarzer und weißer Sesam
Forellenkaviar

Den Fisch vom Kopf weg filetieren und die Gräten einfach mit einem scharfen Messer herausschneiden. Aus den Fischfilets vier Stücke in der Größe von ca. acht Zentimetern Länge und zwei Zentimetern Breite sauber ausschneiden. Den Rest der Fischfilets in einen Mixer geben und eine Fischfarce zubereiten. Dazu etwas süße Sahne zum Fisch geben und alles fein pürieren. Die Farce mit Zitronensaft, Salz und Pfeffer abschmecken.

Die Fischstücke mit Salz würzen und auf allen Seiten in Olivenöl sehr kurz anbraten. Vom Filoteig eine Scheibe auslegen, mit der Fischfarce bestreichen, das Fischfilet darauflegen und ebenfalls mit Fischfarce bestreichen. Im Filoteig einpacken. Den Strudel mit Eigelb bestreichen und mit schwarzem und weißem Sesam bestreuen.

Die vier eingepackten Fischstrudel auf ein gefettetes Blech legen und im vorgeheizten Backrohr ca. 15 bis 20 Minuten bei 160 °C Umluft backen, bis der Strudel goldgelb ist.

Den Strudel mit einem scharfen Messer halbieren oder in weitere kleine Stücke zerteilen. Etwas Salat zupfen und als Garnitur dazulegen. Zum Schluss mit etwas Forellenkaviar und Dill dekorieren.

süss-sauer gebeiztes forellenfilet mit roter zwiebelmarmelade

Zubereitungszeit: 1 Std.
Kühlzeit: 3 Std.

4 rote Gemüsezwiebeln
2 EL Sonnenblumenöl
0,1 l Apfelsaft
0,1 l Rotwein
2 Lorbeerblätter
2–3 Wacholderbeeren
10 g Kartoffelstärke
Salz
Pfeffer aus der Mühle

2 Forellen oder 4 Forellenfilets
1 Knoblauchzehe
1 Zitronenschale, abgerieben
12 Senfkörner
2 Lorbeerblätter
20 g Zucker
10 g Salz
5 cl Apfelessig
0,3 l Fischfond
1 Zweig Dill

Zwei Zwiebeln schälen und in Streifen schneiden und in einem Topf mit Sonnenblumenöl andünsten. Mit Apelsaft und Rotwein ablöschen. Dann die Lorbeerblätter und die zerdrückten Wacholderbeeren dazugeben. Zudecken und die Zwiebeln in ca. 20 bis 30 Minuten gar dünsten. Die Kartoffelstärke in kaltem Wasser anrühren und vorsichtig in die warme Zwiebelmarmelade einrühren. Auf jeden Fall noch einmal unter Rühren aufkochen, damit die Stärke ihre Bindungswirkung entfalten kann und nicht klumpt.

Die Forellen filetieren, die Gräten mit einer Pinzette zupfen. Die fertigen Filets mit Salz und Pfeffer würzen. Filets mit einem Esslöffel Sonnenblumenöl bei mittlerer Hitze auf der Hautseite zwei Minuten, auf der Fischinnenseite eine Minute braten. Zwei weitere rote Zwiebeln und den Knoblauch schälen. Zwiebeln halbieren und in Ringe schneiden, Knoblauch in Scheiben schneiden. Den Fischfond mit Zitronenschale, Zwiebelringen, Knoblauch, einem Teelöffel Salz, Lorbeerblättern, Zucker, Senfkörnern und Pfeffer aufkochen und zehn Minuten bei mittlerer Hitze köcheln lassen. Essig zum Sud geben, aufkochen. Den Dill zupfen und dazugeben, eventuell nachwürzen. Die Forellenfilets in den heißen Sud legen, mindestens drei Stunden im Kühlschrank durchziehen lassen.

Die ideale Beilage dazu sind Bratkartoffeln.

Mein Tipp: Immer, wenn Sie mit Kartoffelstärke arbeiten, sollten Sie Folgendes beachten: Rühren Sie die Stärke in kaltem Wasser an und geben Sie diese vorsichtig nach und nach zur kochenden Flüssigkeit, bis sie die von Ihnen gewünschte Konsistenz erreicht hat. Manchmal ist die angegebene Menge in Rezepten für Ihren Geschmack vielleicht zu viel oder zu wenig.

PILZe

PILZE, DAS SOGENANNTE „FLEISCH DES WALDES"

Nährwert, Inhaltsstoffe, Wirkung

Wegen ihres geschätzten Geschmacks sind die im Herbst bei vielen beliebten Wildpilze eine willkommene Bereicherung und Abwechslung des Speisezettels. Pilze sollten in der Regel wegen ihres eher geringen Nährwerts nicht als Hauptmahlzeit verspeist werden, sondern als Geschmacksträger für Speisen und deren Beilagen dienen, vor allem bei Saucen. Pilze haben einen hohen Wassergehalt von ungefähr 90 Prozent, deshalb ist der eigentliche Nährwert als gering einzustufen. Der Anteil an Eiweißstoffen (Proteine) von Frischpilzen liegt zwischen zwei und vier Prozent. Diese Proteine sind aber wegen ihrer geringen biologischen Wertigkeit ernährungsphysiologisch als „minderwertig" einzustufen.

Bei den Kohlenhydraten überwiegen die unverdaulichen Ballaststoffe. Diese bestehen bei den Speisepilzen überwiegend aus Chitin, einem aminozuckerhaltigen Polysaccharid, anstelle der üblicherweise in Pflanzen vorkommenden Cellulose. Der Anteil an Chitin in Pilzen macht diese auch schwer verdaulich, so dass sie sich im Allgemeinen für eine Schonkost wenig eignen.

Der Fettgehalt ist bei Pilzen sehr gering. Pilze spielen für die Deckung des täglichen Vitaminbedarfs nur eine untergeordnete Rolle. Pilze sollten Sie niemals roh verzehren! Viele Arten sind in rohem Zustand unbekömmlich oder giftig.

Pilze sammeln

Schneiden Sie nur die Pilze, die Sie auch sicher kennen, oberhalb des Waldbodens an ihrem Stiel ab. Die Knollen am Stielende und die Manschetten am Schaft sind äußerst wichtige Erkennungsmerkmale. Reinigen Sie die Pilze sofort von Erde, Laub, Nadeln und Ungeziefer. Angefressene Stellen oder angefaulte Teile sorgfältig wegschneiden. Drücken Sie entstehende Bodenöffnungen zu, damit das Pilzgeflecht nicht austrocknet. Legen Sie Ihre Pilze in einen Korb. Dort sind sie weitgehend vor Druck geschützt und können atmen. In Plastiktüten, Rucksäcken oder Beuteln bekommen die Pilze Druckstellen und verderben.

Pilze aufbewahren

Bereiten Sie die Pilze möglichst gleich nach dem Sammeln zu. Sie sollten Pilze niemals waschen, da der Geschmack darunter erheblich leidet und die Pilze sich mit Wasser wie ein Schwamm vollsaugen.

Pilze, die erst am nächsten Tag zubereitet werden, kühl und trocken, flach ausgebreitet auf einer Papierunterlage aufbewahren. Die Pilze sind nach der Ernte unbedingt möglichst kühl, das heißt bei Kühlschranktemperatur (4 °C), zu lagern.

Pilze, die Sie Tage und Wochen später zubereiten, schneiden Sie in dünne Scheiben und trocknen sie. Zum Trocknen die Pilze auf ein Backblech legen und bei leicht geöffneter Ofentür etwa sechs Stunden bei 30 bis 40 °C trocknen.

Sollten Sie Pilze einfrieren wollen, zerkleinern Sie diese. Anschließend blanchieren Sie die Pilze in ungesalzenem Wasser etwa drei bis vier Minuten.

Saison
Sommer und Herbst

Lauwarme Steinpilze
auf geröstetem Bauernbrot

Zubereitungszeit: 20 Min.

4 Scheiben Bauernbrot
50 g Butter
300 g Steinpilze
Salz
Pfeffer aus der Mühle
2–3 EL Sonnenblumenöl
1 Handvoll Petersilie, glatt

Die Steinpilze sorgfältig putzen. Die Scheiben vom Bauernbrot mit Butter in einer Pfanne hell anrösten. Währenddessen die geputzten Steinpilze in fünf Millimeter dicke Scheiben schneiden.

In einer Pfanne Sonnenblumenöl erhitzen, die Pilze darin anbraten, mit Salz und Pfeffer abschmecken. Die Steinpilze auf dem warmen Brot verteilen, die Petersilie grob hacken und darüberstreuen.

Wichtig: Pilze nie waschen, sondern vorsichtig mit einem Messer trocken reinigen.
Der Pilz saugt sich sonst mit Wasser voll und lässt sich nicht braten.
Die Pilze werden es Ihnen mit intensivem Geschmack danken.

PFIFFErLINGLasagne

Zubereitungszeit: 1,5 Std.

8 Nudelplatten von frischem
Nudelteig (gibt es fertig zu kaufen)
oder 8 getrocknete Nudelplatten
(müssen vorher gekocht werden)
200 g frische Pfifferlinge
60 g Butter
1 kleine Zwiebel oder Schalotte
1 Thymianzweig
2 cl Sherry
300 ml Sahne
Pfeffer und Salz
60 g Crème fraîche
25 g Parmesan, gerieben

Aus den Nudelteigplatten acht Scheiben mit einer Kantenlänge von ca. acht Zentimetern ausstechen.

Die Pfifferlinge sorgfältig trocken putzen. Zwiebel oder Schalotte in feine Würfel schneiden, in 30 Gramm Butter glasig dünsten. Die geputzten Pfifferlinge und den Thymianzweig mitdünsten. Mit Sherry ablöschen. Die Sahne dazugeben und ca. fünf Minuten köcheln lassen. Mit Salz und Pfeffer aus der Mühle abschmecken. Den Thymianzweig entfernen. Etwas abkühlen lassen.

Ein Backblech mit 30 Gramm Butter einfetten. Vier Nudelkreise ins gefettete Backblech legen, jeweils mit Pfifferlingrahm bedecken. Mit vier weiteren Nudelplatten abdecken. Crème fraîche und Parmesan kräftig verrühren, leicht pfeffern und die Lasagne damit überziehen.

Im vorgeheizten Backrohr bei 180 °C etwa zwölf Minuten gratinieren. Dazu schmeckt hervorragend gekochter grüner Spargel.

RAHMPFIFFERLINGE
MIT BREZENKNÖDEL

Zubereitungszeit: 1 Std.

Für die Rahmpfifferlinge
400 g Pfifferlinge
200 g Milch
200 g Sahne
50 g Butter
1 kleine Zwiebel
1 Stange Lauchzwiebel
Salz
Pfeffer aus der Mühle

Für die Brezenknödel
3 alte Brezen
0,2 l Milch
50 g Butter
1 kleine Zwiebel
2 Eier
Salz
Pfeffer aus der Mühle
Muskatnuss
50 g Petersilie, glatt

Die Pfifferlinge putzen. Die Zwiebel in feine Würfel schneiden. In einer Pfanne mit Butter anschwitzen. Die Zwiebeln dazugeben. Salzen, pfeffern. Die Sahne und die Milch dazugeben und die Pilze in ca. zehn Minuten gar kochen. Die Lauchzwiebel waschen, in feine Ringe schneiden und kurz vor dem Anrichten unter die Rahmpfifferlinge mischen. Mit Salz und Pfeffer abschmecken.

Milch mit wenig Salz (die Brezen sind schon würzig), Pfeffer und geriebener Muskatnuss aufkochen. Die Brezen in feine Scheiben schneiden, in eine Schüssel geben und die heiße, gewürzte Milch darübergießen, abdecken. Die Zwiebel in feine Würfel schneiden. In einer Pfanne mit Butter anschwitzen. Die Petersilie abzupfen und klein schneiden. Einen Teil der gehackten Petersilie zur Brezenmasse geben. Die Eier dazugeben. Alles durchkneten. Knödel formen und in Salzwasser ca. 20 Minuten leicht köcheln lassen. Die heißen Rahmpfifferlinge in Suppentellern anrichten, den Knödel daraufsetzen. Mit dem Rest der frisch gehackten Petersilie bestreuen.

Nüsse & Früchte

nüsse

Nährwert, Inhaltsstoffe, Wirkung
Obwohl Nüsse botanisch gesehen zum Obst (Schalenobst) gehören, unterscheiden sich die Inhaltsstoffe erheblich von denen anderer Obstsorten. Nüsse enthalten nur wenig Wasser, aber reichlich Fett, Eiweiß, Kohlenhydrate und Ballaststoffe.

Besonders wertvoll sind die ungesättigten Fettsäuren. Das Fett in Nüssen liefert hauptsächlich einfach und mehrfach ungesättigte Fettsäuren. Im Gegensatz zu den gesättigten Fettsäuren aus meist tierischen Produkten wirken sich die Fette in Nüssen positiv auf Ihre Gesundheit aus.

Darüber hinaus enthalten Nüsse Mineralstoffe und Vitamine – vor allem Vitamine aus der B-Gruppe und Vitamin E – sowie Kalium, Magnesium, Natrium und Phosphor.

Wegen des hohen Kaloriengehalts sollten sie in Maßen genossen werden. So bereichern Nüsse Ihren Speiseplan als wertvolle Nährstofflieferanten.

Nüsse kaufen
Achten Sie beim Einkauf auf einwandfreie Ware: Die Nüsse sollten sauber und unverletzt sein. Lassen Sie sich ruhig am Marktstand eine Nuss öffnen! Ist das Fruchtfleisch weiß, ist die Nuss frisch. Je gelblicher das Innere einer Nuss ist, desto älter ist sie.

Auskunft über die Frische von Nüssen gibt der Schütteltest: Klappert der Kern in einer Nussschale, ist er eingetrocknet und älter. Achten Sie bei zerkleinerten Nüssen besonders auf das Mindesthaltbarkeitsdatum. Generell sollten ganze Nüsse den gemahlenen vorgezogen werden. Denn je

größer die Oberfläche von Nüssen ist, desto schneller verderben sie. Einheimische Nüsse sind weniger mit Schimmelpilzen belastet als importierte Ware und sollten deshalb immer vorgezogen werden. Insbesondere bei Nüssen, die einen langen Transport hinter sich haben, ist Vorsicht geboten.

Kaufen Sie frische Nüsse nicht in Plastikverpackungen. Denn in der Packung kann sich Feuchtigkeit bilden, diese fördert die Schimmelbildung.

Nüsse aufbewahren
Frische Nüsse gehören in ein Netz. Sie können die Nüsse zum Beispiel in kleine Zwiebelnetze füllen und trocken, luftig und mäusesicher aufhängen.

Saison
Anfang September bis Mitte Oktober

früchte und beeren

Nährwert, Inhaltsstoffe, Wirkung
Frische Früchte und Beeren haben
einen niedrigen Gehalt an Kohlenhydraten. Dementsprechend
wenig Energiegehalt haben sie.
Sie enthalten jedoch bedeutende
Mengen an Mineralstoffen, die in
der Ernährung eine wichtige Rolle
spielen. Der Gehalt an Vitaminen
liegt allgemein hoch. Die reichlich
vorhandenen Rohfaserstoffe in
Beeren haben einen hohen gesundheitlichen Wert. Sie wirken sich
fördernd auf Ihre Darmtätigkeit
aus. Vollreife, einheimische Früchte sind von Natur aus so süß, dass
Sie auf zusätzlichen Zucker jederzeit
verzichten können.

Früchte kaufen
Kaufen Sie Beeren und Obst, das
frisch, schön und prall aussieht.
Beschädigte Früchte lassen schnell
in ihrer Qualität nach. Kaufen
Sie am besten frische, heimische
Früchte. Kurze Transportwege
kommen der Qualität und Frische
sicher entgegen.

Früchte aufbewahren
Bewahren Sie Früchte nach dem
Kauf so schnell wie möglich im
Kühlen auf. Beeren legen Sie am
besten auf einem Teller aus, dann
sind sie ein paar Tage haltbar.

Früchte zubereiten
Beeren sind sehr empfindlich.
Berühren Sie sie daher so wenig wie
möglich, waschen Sie sie erst kurz
vor dem Servieren und nur, wenn es
unbedingt nötig ist. Und waschen
Sie nur so viele wie Sie benötigen.
Entfernen Sie Stiele erst nach dem
Waschen.

Heimische Früchte, zum Beispiel
Apfel, Birne und Zwetschge, reiben
Sie mit einem trockenen, sauberen
Tuch ab, das ist völlig ausreichend.

Saison
Beeren: Anfang Juni bis Mitte August
Obst: Anfang Juni bis Oktober

RAHMSUPPE VON DER
ESSKASTANIE

Zubereitungszeit: 30 Min.

Maronensuppe
400 g geschälte Maronen
1 kleine Zwiebel
1 EL Sonnenblumenöl
0,7 l Gemüsebrühe
0,2 l Sahne
Salz

Rote-Bete-Schaum
1 kleine Rote Bete
10 Kümmelsamen
1 Spritzer Essig
1 Messerspitze gemahlener
Kreuzkümmel
5 g Emulzoon
(im Internet z. B. unter
www.bosfood.de)

Die Zwiebel in grobe Würfel schneiden. In einem Topf Sonnenblumenöl erhitzen, die Zwiebelwürfel darin anschwitzen. Die geschälten Maronen dazugeben. Mit der Gemüsebrühe aufgießen und gar kochen. In einem Mixer ganz fein pürieren. Wieder in den Topf geben, aufkochen, mit der Sahne verfeinern und mit Salz abschmecken. Warm stellen.

Rote-Bete-Schaum herstellen:
Die Rote Bete in einem Topf mit Wasser bedecken. Das Wasser mit etwas Salz, einem Spritzer Essig und zehn Kümmelsamen würzen. Die Rübe in diesem gewürzten Wasser gar kochen. Die Rote Bete herausnehmen und schälen. Das Kochwasser durch ein Sieb gießen und mit der klein geschnittenen Rote Bete zu einem dicken Saft glatt pürieren. Den Saft mit Salz und gemahlenem Kreuzkümmel abschmecken und mit dem Emulzoon verrühren (Es geht auch ohne Emulzoon, indem Sie ein wenig Mineralwasser dazugeben). Mit einem Stabmixer kräftig schaumig schlagen.

Auf vier vorgewärmten Tellern die Maronensuppe anrichten, darauf den Rote-Bete-Schaum mit einem Löffel verteilen und mit Balsamicoreduktion dekorieren.

Mein Tipp: Kochen Sie Ihre Balsamicoreduktion selbst. Hierzu dunklen Balsamico und Apfelsaft im Verhältnis 1:1 sirupartig einkochen. Schmeckt köstlich und sieht fantastisch aus.

Wenn Sie einen besonderen Nachtisch für Ihr Weihnachtsmenü suchen,
ist dieses Mousserezept ideal, denn es lässt sich prima vorbereiten.
Ein Zwetschgenkompott passt hervorragend dazu!

maronen-schokoladen-mousse mit zuckerfäden

Zubereitungszeit: 1 Std.
Für die Zuckerfäden: 30 Min.
Kühlzeit: 2 Std.
Ergibt 12 Portionen

1 Ei
1 Eigelb
3 Blatt Gelatine
250 g weiße Kuvertüre
250 g Maronenpüree
750 g geschlagene Sahne
1 cl Kirschwasser

Für die Zuckerfäden
50 g brauner Zucker
50 g weißer Zucker
Backpapier

Die Eier auf dem Wasserbad wie eine Zabaione aufschlagen, bis sie anziehen. Die in kaltem Wasser eingeweichte, gut ausgedrückte Gelatine unterrühren. Die Kuvertüre schmelzen. Anschließend nacheinander die Kuvertüre, das Kirschwasser und das Maronenpüree unterrühren, bis eine glatte Masse entsteht. Zum Schluss die geschlagene Sahne unterheben und abgedeckt im Kühlschrank anziehen lassen.

Für die Zuckerfäden 50 Gramm braunen und 50 Gramm weißen Zucker in einem Topf bei mittlerer Hitze hellbraun karamellisieren lassen, erst zuletzt mit einem Holzlöffel umrühren. Sobald der Zucker klumpenfrei, hellbraun und flüssig ist, sofort von der Kochstelle nehmen und so lange abkühlen lassen, bis er zähflüssig ist.

Das Backpapier auslegen und das Karamell mit einem Löffel in dünnen Fäden über das Backpapier spinnen.

Mein Tipp: Wird das Karamell zum Spinnen zu fest, kann man es im Topf bei kleiner Hitze wieder erwärmen, bis es erneut flüssig wird. Wenn Sie die Zuckerfäden zu früh vormachen, schmelzen sie wieder und kleben zusammen. Deswegen bitte immer frisch zubereiten.

Ein Lieblingsnachtisch meines Vaters.

APFEL-MOHN-KNÖDEL

Zubereitungszeit: 45 Min.

0,4 l Milch
40 g Butter
1 EL Vanillezucker
2 cl Apfelschnaps oder Obstler
80 g gemahlener Mohn
2 kleine säuerliche Äpfel,
vorzugsweise der Sorte Elstar
3 EL Brösel vom Löffelbiskuit
150 g Mehl
1 Eigelb
30 g Butter, zerlassen
2 Eiweiß
1 Prise Salz und Zucker
Frittierfett
(Menge variiert je nach Topfgröße)
etwas Puderzucker

Die Hälfte der Milch aufkochen. Dann Butter, Vanillezucker und Apfelschnaps einrühren, den gemahlenen Mohn dazugeben und die Masse unter ständigem Rühren zu einem festen Brei kochen. Die Äpfel in kleine Würfel schneiden und mit den Biskuitbröseln ebenfalls unter die Mohnmasse mischen. Etwas auskühlen lassen. Dann können Sie aus der Apfel-Mohn-Masse kleine Kugeln formen.

Die restliche Milch mit dem Mehl und dem Eigelb zu einem glatten Pfannkuchenteig verrühren. Die zerlassene Butter unterrühren. Die beiden Eiweiße mit einer Prise Salz und Zucker zu einem festen Eischnee aufschlagen und vorsichtig unter den Pfannkuchenteig heben. Die Knödel durch den Backteig ziehen und sofort in heißem Frittierfett schwimmend goldgelb ausbacken.

Zum Anrichten bestäuben Sie die Knödel mit Puderzucker. Sie können die Knödel mit Vanillesoße oder Eis servieren.

Mein Tipp: Sie können die Mohnknödel nicht vorbacken, weil die Äpfel eventuell den Teig aufweichen. Sie sollten diese erst kurz vor dem Anrichten durch den Backteig ziehen und goldgelb schwimmend in heißem Fett ausbacken.

Dieser Nachtisch gelingt immer. Und wenn Sie einmal Überraschungsgäste bekommen: Die Zutaten dafür hat man immer im Haus.

Lauwarmes APFELRAGOUT MIT Walnusseis

Zubereitungszeit: 15 Min.

4 Äpfel, vorzugsweise
der Sorte Elstar
20 g grob gehackte Haselnüsse
10 g grob gehackte Walnüsse
50 g grob geschnittenes Trockenobst, z. B. Aprikosen, Zwetschgen,
Birnen
nach Geschmack: 4 cl Obstler
Sonnenblumenöl

Die Äpfel vierteln, das Kerngehäuse entfernen und die Apfelviertel der Länge nach in Spalten schneiden. Die Äpfel müssen nicht geschält werden.

Eine große Pfanne erhitzen, die Apfelspalten in Sonnenblumenöl stark anbraten. Die Nüsse und das Trockenobst kurz dazugeben und mit den Apfelspalten mischen.

Je nach Geschmack kann der Obstler über die heißen Äpfel gegossen und die Äpfel damit flambiert werden.

Die warmen Äpfel auf Teller verteilen. Mit Puderzucker bestreuen und mit selbst gemachtem Walnusseis servieren.

**Walnusseis
Zubereitungszeit: 30 Min.
Gefrierzeit: ca. 5 Std.
Ergibt ca. 6 Portionen**

3 Eigelb
100 g brauner Zucker
1 Prise Salz
375 ml Milch
250 g Sahne
1 Päckchen Vanillezucker
50–80 g grob zerkleinerte Walnüsse
eine Prise Zimt

Eigelb, Zucker und Salz in einem Topf mit dem Schneebesen schaumig schlagen. Die Milch erwärmen. Langsam zur Zuckermasse hinzufügen und auf dem Wasserbad weiterschlagen, bis die Masse dicklich wirkt (zur Rose abziehen). Abkühlen lassen. Die Sahne mit dem Vanillezucker steif schlagen. Eigelbmasse mit den Walnüssen und der Schlagsahne vermengen. Mit ein wenig Zimt abschmecken. Gefrieren.

Quarkbällchen à la Fabian mit frischen Beeren

Zubereitungszeit: 1,5 Std.

10 g Butter
25 g Zucker
1 Päckchen Vanillezucker
1 Eigelb
1 Messerspitze Salz
100 g trockener Magerquark
70 g Mehl
1 TL Backpulver

Frische Beeren (je nach Jahreszeit):
Erdbeeren, Himbeeren,
Brombeeren, Stachelbeeren etc.

Zur Dekoration:
4 Blatt Zitronenmelisse

Die Butter mit dem Zucker, dem Vanillezucker, dem Eigelb und dem Salz schaumig rühren. Anschließend den Quark in einem Küchentuch gut auspressen, damit er sehr trocken wird. Die Buttermischung mit dem Quark glatt rühren. Das gesiebte Mehl und das Backpulver unter den Quarkteig rühren. Danach 30 Minuten kühl stellen.

Die Masse zu acht Bällchen formen und im heißen Fett schwimmend ausbacken. Die heißen Quarkbällchen in Zucker wälzen, mit frischen Beeren anrichten und sofort servieren.

Mein Tipp: Die Quarkbällchen schmecken auch hervorragend mit selbst gemachtem Obstkompott.

scheiterhaufen
süsser APFEL-BrOT-AUFLAUF

Zubereitungszeit: 1,5 Std.
Ergibt 8 Portionen

2 kg Äpfel, z. B. Elstar
30 g Zucker
1 TL Zimt
0,5 l Milch
6 Eier
10 Semmeln
50 g Rosinen
100 g Butter
50 g Puderzucker
100 g Mandelblättchen

Die Äpfel vierteln, schälen, entkernen und grob reiben. Mit dem Zitronensaft beträufeln, den Zucker und den Zimt untermischen. Die Milch und die Eier verquirlen. Die Semmeln in einen Zentimeter starke Scheiben schneiden und in dem Milchgemisch einweichen. Den Backofen auf 180 °C vorheizen.

Eine Auflaufform mit etwas Butter ausstreichen, eine Schicht Semmeln, eine Schicht Äpfel einlegen und mit Rosinen bestreuen. Und wieder Semmeln, Äpfel und Rosinen einschichten. Die oberste Schicht soll aus Semmeln bestehen. Darauf kleine Butterflocken und die Mandelblättchen streuen. Den Auflauf auf die mittlere Schiene im heißen Ofen setzen und etwa 45 Minuten goldbraun überbacken. Mit Puderzucker bestreuen. Dazu reichen Sie Vanillesoße.

hausgemachte vanillesosse

Zubereitungszeit: 20 Min.

100 g Zucker
0,5 l Milch
6 Eigelb
1 Vanilleschote

Vanilleschote längs aufschlitzen und das Mark herauskratzen. Das Mark in die Milch geben und aufkochen. Eigelbe und Zucker mit einem Schneebesen in einer Schüssel cremig rühren. Anschließend die kochende Vanillemilch langsam unter die Eigelb-Zucker-Masse rühren. Alles in eine Schüssel geben und unter ständigem Rühren im Wasserbad erhitzen. So lange rühren, bis die Vanillesoße leicht angedickt ist.

Genießen Sie die Soße heiß oder kalt.

vanillesoufflé
mit erdbeerragout

Zubereitungszeit: 45 Min.

Das Backrohr bei Ober- und Unterhitze auf 180 °C vorheizen. Keine Umluft! Die Milch in einen Topf geben, die Vanilleschote längs halbieren, das Mark und die ausgekratzte Schote der Vanille mit der Milch einmal aufkochen. Die Schote herausnehmen. Die weiche Butter mit dem Mehl verkneten, in kleine Klümpchen zerteilen und in die kochende Milch rühren, bis eine homogene Masse entsteht.

Für das Soufflé
200 ml Vollmilch
Mark von einer halben Vanilleschote
40 g weiche Butter
40 g Mehl
4 Eiweiß
3 Eigelb
60 g Zucker
1 Prise Salz
etwas Zitronenschale
1 Messerspitze Stärke
Förmchen, ø ca. 6 cm
etwas Butter
etwas Zucker

Ein Eiweiß unter die heiße Masse rühren. Das Ganze mit der Zitronenschale und der Kartoffelstärke glatt rühren. Etwas abkühlen lassen. Die drei Eigelbe nach und nach unterrühren. Die restlichen drei Eiweiße mit dem Zucker und einer Prise Salz zu einem steifen Eischnee schlagen. Den Eischnee nach und nach vorsichtig unter die Vanille-Mehl-Masse heben.

Die Förmchen gewissenhaft mit Butter einfetten und mit Zucker ausstreuen. Die fertige Soufflémasse in die Formen füllen und die Formen in ein Wasserbad stellen. Das Wasser sollte schon warm sein.

Für das Erdbeerragout
200 g Erdbeeren
½ Zitrone
20 g Puderzucker
4 Blatt Zitronenmelisse
je nach Gusto: 2 cl Grand Marnier

Das Vanillesoufflé mit dem Wasserbad im vorgeheizten Backrohr auf die mittlere Schiene stellen und bei Ober- und Unterhitze bei 200 °C für etwa 20 Minuten goldgelb backen.

Währenddessen die Erdbeeren waschen, vorsichtig abtupfen und vierteln. Mit etwas Zitronensaft und Puderzucker abschmecken. Eventuell zwei Zentiliter Grand Marnier dazugeben. Die Melisse in feine Streifen schneiden und vor dem Anrichten untermischen. Das Erdbeerragout auf Suppenteller verteilen.

Mein Tipp:
Die Vanilleschote nicht entsorgen, sondern in ein mit Zucker gefülltes Glas stecken und eigenen Vanillezucker für eine spätere Verwendung herstellen.

Das fertige Soufflé aus dem Backrohr nehmen, die Soufflés aus den Formen stürzen. Das Soufflé auf den Erdbeersalat geben, mit Puderzucker bestäuben. Wichtig: Sofort servieren!

Das sind die Zwetschgenknödel, wie meine Mutter sie macht.
Einfach nur köstlich und schnell zubereitet. Ich intensiviere den Geschmack durch
das Lavendel-Mohn-Eis. Es lohnt sich, das Eis dazu zuzubereiten.

Mama Wastls Zwetschgenknödel mit Lavendel-Mohn-Eis

Zubereitungszeit: 30 Min.

200 g trockener Magerquark
30–50 g Mehl
1 Messerspitze Salz
8 Zwetschgen
8 Würfelzucker
50 g Butter
30 g Semmelbrösel
Puderzucker

Den Quark mit dem Mehl und einer Messerspitze Salz in einer Schüssel zu einem Teig verkneten. Auf einer bemehlten Arbeitsfläche den Teig mit einem Nudelholz zu einer drei Millimeter dicken Platte ausrollen. Quadrate von acht bis zehn Zentimeter Kantenlänge (je nach Größe der Zwetschgen) ausschneiden.

Die Zwetschgen mit einem Küchentuch abreiben, halbieren, aber so, dass sie nicht auseinanderfallen. Anschließend entsteinen und mit einem Stück Würfelzucker füllen. Die Hände mit Mehl bestäuben. Auf eine Teigplatte eine Zwetschge legen und gewissenhaft mit dem Teig umschließen. Dann alle Knödel in leicht kochendem Wasser ca. zehn bis 15 Minuten gar ziehen lassen.

Mein Tipp: Geben Sie den Quark in ein sauberes Küchentuch und drücken Sie diesen darin so kräftig aus, dass er danach richtig trocken ist. Dann ist es später leichter, die Zwetschgen in den Teig einzupacken, weil er nicht so sehr klebt.

Die Semmelbrösel rösten und mit etwas Puderzucker würzen. Die Butter schmelzen. Je zwei Zwetschgenknödel auf einem Teller anrichten, die Brösel und die Butter darübergeben. Fertig.

Lavendel-Mohn-Eis
Zubereitungszeit: 30 Min.
Gefrierzeit: 5 Std.

100 g Zucker
25 g Honig
1 Ei
1 Eigelb
ein paar Tropfen Lavendelöl
30 g gemahlener Mohn
0,5 l Sahne

Ein warmes und ein kaltes Wasserbad bereitstellen. Für das Eis den Zucker, den Honig, das Ei und das Eigelb zuerst im warmen Wasserbad aufschlagen und dann im kalten Wasserbad unter Rühren wieder abkühlen. Das Lavendelöl und den gemahlenen Mohn in die Zucker-Ei-Masse rühren. Die Sahne steif schlagen und unter die abgekühlte Eimasse heben. In Förmchen abfüllen und im Gefrierschrank mindestens fünf Stunden, am besten über Nacht gefrieren.

*Mein Freund und Koch Hubert hat dieses köstliche Rezept für den „Tavernwirt"
entwickelt. Es schmeckt einfach traumhaft, probieren Sie es aus!*

Gebrannter Erdbeer-Quark-Pudding mit Beerengranité

Zubereitungszeit
Quarkpudding: 30 Min.
Beerengranité: 1 Std.
Kühlzeit Granité: 5 Std.

Für das Beerengranité
200 g Beerenmix, auch gefroren

Für den Pudding
200 g Magerquark
150 g Erdbeeren
½ Packung Puddingpulver
Vanillegeschmack
40 g Zucker
250 g Milch
brauner Zucker zum
Karamellisieren

Die (gefrorene) Beerenmischung fein pürieren, durch ein feines Sieb
streichen und in einer flachen Form einfrieren. Dabei immer wieder
umrühren, damit große Eiskristalle entstehen.

Die Erdbeeren waschen, den Stiel entfernen und alles in einer Küchenmaschine mixen. Die Hälfte des Erdbeermarks in vier Formen verteilen,
den Rest des Erdbeermarks mit dem Quark vermischen und als zweite
Schicht in den Formen verteilen.

Ein paar Löffel Milch mit 20 Gramm Zucker und dem Puddingpulver
verrühren. Die restliche Milch aufkochen, vom Herd ziehen und mit dem
angerührten Puddingpulver verrühren. Nochmals zwei Minuten auf den
Herd stellen und kräftig rühren. Den Pudding etwas abkühlen lassen und
als dritte Schicht auf den Förmchen verteilen. Die Förmchen kühl stellen,
damit der Pudding fest wird.

Vor dem Servieren den Pudding mit braunem Zucker bestreuen und mit ei-
nem Bunsenbrenner oder im Ofen mit Grillfunktion karamellisieren. Das
Granité aus der Gefriertruhe nehmen, in Stücke brechen, in ein zweites
Förmchen geben und dazu reichen.

Diese Nachspeise schmeckt nicht nur mit Blaubeeren, sondern auch mit Rhabarber, Kirschen, Zwetschgen oder reifen Birnen.

karamellisierter Blaubeer-Pfannkuchen mit Vanilleeis

Zubereitungszeit: 30 Min.

150 g Mehl
0,2 l Milch
3 Eigelb
3 Eiweiß
100 g Zucker
80 g Butter
Salz
200 g Blaubeeren
Sonnenblumenöl

Das Mehl in eine Schüssel geben, die Milch unter Rühren mit einem Schneebesen nach und nach – möglichst ohne Klumpen – dazugeben. Anschließend 20 Gramm Zucker zugeben. Die Eigelbe einrühren.

Die Eiweiße in eine fettfreie Schüssel geben und mit etwas Salz zu einem steifen Schnee aufschlagen. Den steifen Eischnee vorsichtig unter den Pfannkuchenteig heben.

Das Backrohr auf 180 °C Umluft vorheizen. Vier kleine Pfannen auf dem Herd verteilen. Etwas Sonnenblumenöl in jede Pfanne geben. Den Pfannkuchenteig in den vier Pfannen gleichmäßig verteilen. Den Teig etwas fest werden lassen. Die gewaschenen Blaubeeren etwas zuckern und in den Pfannen verteilen. Die Pfannkuchen ca. zehn Minuten auf der mittleren Schiene im Backrohr backen.

Das Backrohr ausschalten, die Pfannkuchen darin warm halten. Die erste Pfanne aus dem Rohr nehmen, zwischen Pfannkuchen und Pfannenrand 20 Gramm Butter in Flocken schmelzen lassen. Die Pfannkuchenoberfläche mit 20 Gramm Zucker bestreuen. Den Pfannkuchen umdrehen. Die Pfanne auf der Herdplatte ständig vorsichtig bewegen, damit sich zwischen Pfannenboden und Pfannkuchen ein Karamell bildet. Den so karamellisierten Pfannkuchen wieder umdrehen. Aus der Pfanne nehmen und warm stellen.

Den Vorgang müssen Sie für die anderen Pfannkuchen noch dreimal wiederholen. Aber die Mühe lohnt sich, wenn der Pfannkuchen später auf dem Gaumen zergeht. Die Pfannkuchen auf vorgewärmten Tellern anrichten. Dazu passt Vanilleeis von guter Qualität.

Birnen-Apfel-Strudel mit Rumrosineneis

Zubereitungszeit: 45 Min.

4 Platten Blätterteig
1 Birne
2 Äpfel
100 g Zucker
Saft von ½ Zitrone
50 g geschälte Walnüsse
60 g Butter
Nach Geschmack: 40 g Rosinen
Rumrosineneis

Die Birne und die Äpfel schälen und länglich vierteln, das Kerngehäuse entfernen und die Obsviertel quer in Stücke schneiden. Die fertigen Stücke mit etwas Zitronensaft mischen, um eine Braunfärbung zu vermeiden. Die Walnüsse grob hacken. Den Zucker, die Nüsse und die Obststücke vermischen.

Die Blätterteigplatten auf einer gemehlten Fläche vorsichtig ausrollen. Die Apfel-Birnen-Füllung auf die Platten aufteilen und die Strudel jeweils so einrollen, dass sie fest verschlossen sind.

Das Backrohr auf 160 °C vorheizen. Eine Pfanne mit Butter ausstreichen. Die Strudel so hineinlegen, dass sie sich nicht berühren. Die Birnen-Apfel-Strudel oben mit Eigelb einstreichen. Ca. 20 Minuten backen.

Vor dem Anrichten mit Puderzucker bestreuen. Sofort servieren. Dazu reichen Sie Rumrosineneis.

Lebkuchen-Tiramisu mit Glühweinkirschen

Zubereitungszeit: 1,5 Std.
Ergibt 8 Portionen

500 g Mascarpone
2 Eier
70 g Zucker
3–4 Blatt Gelatine
4 cl Amaretto
5 g Zimt oder Lebkuchengewürz
2 Packungen braune Lebkuchen
1 Glas Süßkirschen
1 gestrichener TL Stärke
0,2 l Bio-Glühwein,
z. B. von der Weinkellerei
Kunzmann, Dasing
0,1 l Sahne
Schokostreusel

Die Lebkuchen von der Oblate entfernen, grob hacken und in einer Pfanne kurz anrösten. Abkühlen lassen.

Den Zucker und die Eier verrühren. Mascarpone aufrühren und unterheben. Die Gelatine in kaltem Wasser einweichen und in Amaretto auflösen. Ohne Klumpen unterrühren. Die gerösteten Lebkuchenbrösel unterheben, kühl stellen, bis es leicht anzieht. Die Kirschen in einem Sieb abtropfen lassen, den Kirschsaft eindicken, mit Zimt oder Lebkuchengewürz abschmecken und mit Stärke abbinden. Aus den Lebkuchen ohne Oblate Kreise ausstechen (genauso groß wie das Dessertglas) und mit warmem Glühwein tränken.

Eine Schicht Lebkuchen-Mascarpone ins Glas geben, die Kirschen und einen Lebkuchen darauflegen. Den Vorgang mehrmals wiederholen. Die letzte Schicht sollte Mascarpone sein. Zum Schluss geschlagene Sahne daraufspritzen und mit Schokostreuseln garnieren.

Einen herzlichen Dank
an meine MITARBEITER

Tobias Bachmann

Sylvia Stoyanova

Valentin Stadlmaier

Danksagung

Eines ist natürlich klar: Obwohl das Wittelsbacher Land Kochbuch meinen Namen trägt, wäre ohne die Hilfe meiner Familie, meiner Mitarbeiter/innen und meinen Freund/innen die Realisierung nicht möglich gewesen.

Danken möchte ich vor allem folgenden Menschen: Meinem engagierten Koch und Mitarbeiter Tobias Bachmann, der viele freiwillige Stunden bei den Fotoshootings geleistet hat, ebenso Valentin Stadlmaier, Mitarbeiter und Koch. Besonders danken möchte ich Klaus Lipa, der für die wunderbaren Fotos in diesem Buch verantwortlich zeichnet und wesentlich dazu beigetragen hat, dass dieses Werk seine spezielle Optik bekam. Helfried Prünster, meinem guten Freund, der sich mit um das gute Aussehen des Buches bemühte und mir manch konstruktive Kritik angedeihen ließ. Simone Ochsenkühn verdient meinen Dank durch die tatkräftige Unterstützung bezüglich der Texte für die Lieferanten und die Sehenswürdigkeiten. Ebenso bedanke ich mich bei Ingrid Erne, die mich zur Findung vieler richtiger Worte inspirierte. Auch Doris Wegner darf hier nicht fehlen, die mir rhetorisch so manches Mal unter die Arme gegriffen hat. Ich danke auch meinem Vater, der mir den Rücken in Sachen Haus und Hof freigehalten hat, und meiner Mutter für die Beisteuerung des Zwetschgenknödelrezepts. Ebenfalls bedanke ich mich beim amac-buch Verlag Obergriesbach für die Realisierung dieses Werkes. Und nicht zuletzt möchte ich mich bei meiner Lebensgefährtin Gudrun bedanken, die mir ihre Liebe, ihre Unterstützung und ihre Kraft schenkte, um dieses Buch zu einem guten Ende zu bringen. Danke!

Martin Wastl, im November 2011

Sponsoren

Bedanken möchte ich mich bei folgenden Firmen für die Unterstützung bei der Entstehung dieses Buches:

Fa. Deckerform, Aichach, www.deckerform.de
Fa. phg – digital denken, Augsburg, www.phg-online.de
Fa. Stark Fahrzeugbau, Augsburg, www.stark-fahrzeugbau.de
Fa. Weinkellerei Kunzmann, Dasing, www.kunzmann-dasing.de